L'Umorismo di Piton presenta:

GUSTAV LAFAV
e la camera Segreta

Di Luciano Caridoldi e Rinaldo Seghini

"Il potere è l'immondizia della storia degli umani e, anche se siamo soltanto due romantici rottami, sputeremo ancora in faccia all'ingiustizia e non per soldi. Siamo gli admin della pagina: Rinald Sefa e Luca Gariboldi"

Nativi Digitali Edizioni

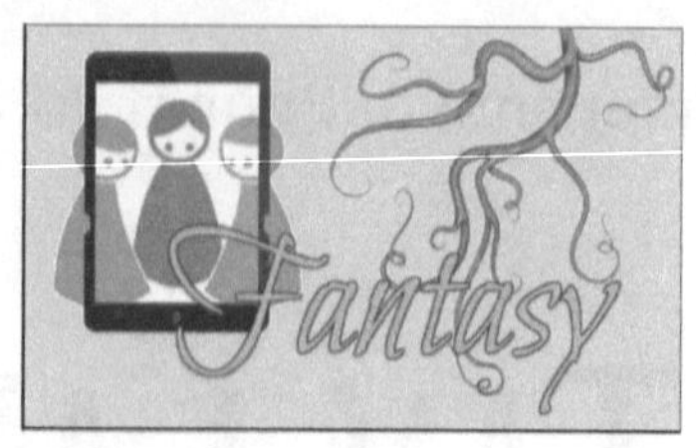

I edizione cartacea: dicembre 2016

© tutti i diritti riservati

Nativi Digitali Edizioni snc

Via Broccaindosso n.16, Bologna

ISBN: 978-88-98754-71-7

www.natividigitaliedizioni.it

info@natividigitaliedizioni.it

seguici su:

Disegno in copertina a cura di Simone Quaglia

"L'umorismo di Piton"

Rinald Sefa e Luca Gariboldi

Ringraziamo:

Eva Mazza,
Emiliano Negri,
Fex Rodaro,
Il tucano.

Tutto incominciò a LasHogwarts...

Gustav Lafav, ragazzo di origini messicane dalla capigliatura punk e un sacco di casini in famiglia, si trova per qualche motivo a LasHogwarts, la famosa scuola di magia, pur essendo molto più pratico con i fucili a canne mozze che con le bacchette.

Qui conosce i suoi nuovi amici: il rapper sfigato Jerry Porker, l'imbranato (per non dire peggio...) Ronaldo Whiskey, la saccente Hermagone, o Ermagone, il razzista Drago Adolfoy, per non parlare dei professori, uno più svalvolato dell'altro. In questo posto assurdo, con una percentuale di omicidi più alta che in Sud America ai tempi d'oro dei Narcos, Gustav e i suoi compari si trovano coinvolti in tante simpatiche attività scolastiche, tra cui un traffico di metanfetamina blu pura al 100% e, soprattutto, una serie di atroci delitti a opera dello psicopativo Nevillo Paciockone. Proprio in seguito a un epico e memorabile combattimento contro quest'ultimo da cui esce vivo per miracolo, mentre il folle è in coma, il nostro amato messicano è costretto a fuggire da LasHogwarts con una taglia sulla testa. Ma le avventure di Gustav Lafav sono appena cominciate...

Introduzione fondamentale a
"Gustav Lafav – La camera Segreta"

La piccola era affacciata alla finestra. Guardava rapita il sole nascondersi dietro le montagne. Il cielo sopra di lei si imbruniva, tingendosi di colori sbiaditi. Si voltò, osservò la madre che riscaldava qualcosa nel pentolone appeso sopra il fuoco. La donna tremava. Portava dietro l'orecchio i capelli crespi e mescolava con un mestolo di legno quella che sarebbe stata la loro cena. L'altra ragazza, molto simile alla madre, stava rammendando dei vecchi stracci. Quelli che il padre aveva abbandonato sul tavolo, quella mattina quando sparì.

La madre le aveva rassicurate, dicendo loro che era sicuramente andato a sbrigare qualcosa di importante al villaggio, a barattare quelle pelli che aveva acquistato tempo fa e che al mercato non erano state vendute. La madre, in cuor suo, sapeva. Guardando la piccola, che le sorrise debolmente, virò lo sguardo verso la casa, ormai abbandonata, che stava dirimpetto alla sua. Tempo addietro, avrebbe visto il fumo strisciare fuori dal cunicolo del camino, ma era da molto che non succedeva. Lei era andata, proprio come quel fumo nero, era volata in cielo. Si era confusa con le nuvole, le stesse nuvole che incutono tanta paura prima di un temporale. La donna prese le foglie di alloro secche che fungevano anche da decoro al focolaio, le sbriciolò dentro la zuppa e le affondò con il mestolo. Sapeva dov'era andato il marito. Eppure, per una strana ragione, non portava rancore. Sapeva di aver fatto qualcosa di sbagliato: tenere quell'incontro con la vicina, quella notte. Quando lui si svegliò e la vide nel boschetto, assieme alle altre, restò ammutolito. Non aveva il coraggio di parlarle. Non lo fece per quasi un mese, finché non arrivò quella mattina. Loro, lei e le altre donne, volevano solo essere amate. Il sole era ormai sparito e le stelle andavano puntellando il cielo. Le ragazze si apprestarono a consumare il pasto. La madre chiese loro di intonare la preghiera della sera, di lodare il Dio e di perdonarle della loro avidità se stavano per consumare il pasto. La notte era calata e non avrebbero tardato ad arrivare. Loro arrivavano sempre.

Ricordava perfettamente come avevano preso la cara Anneth, quella sera. La trascinarono fuori dalla porta per i capelli, lei che si dibatteva come una bestia. Gli uomini in nero la gettarono in mezzo alla folla, mentre dei villeggianti preparavano la legna e l'olio. Lei chiuse in casa le ragazze, legò attorno alla loro testa dei fazzoletti di lana spessa, sperando che potessero coprire le grida. Anneth, così calma e docile, quella notte sembrava come un'altra, bestemmiando e sputando in faccia ai sacerdoti, che ricambiarono con altri sputi e preghiere. Tutto il villaggio era salito fin su alla collina, a osservare il male che veniva estirpato dalle loro terre. Il marito la costrinse, tirandola per un braccio, ad assistere a quella scena. Mentre il corpo di Anneth si ricopriva di pustole e pian piano bruciava e si scioglieva, mentre lei urlava fino a lacerarsi la gola e l'odore si estendeva a chilometri di distanza. Mentre lei lo implorava di lasciarla andare, il marito la teneva per un braccio.. Lei gli chiese che la lasciasse fuggire, anche da sola. Mai e poi mai avrebbe potuto sopportare tale dolore. Quando ormai venne l'alba, e il cielo si tinse di un debole azzurro, lui la guardò. Le indicò le ceneri di quella che era stata la sua amica Anneth e le disse, con la voce spezzata: tu sarai la prossima.

La voce della piccola la risvegliò da quell'incubo e lei si apprestò verso di lei. La piccola indicò fuori dalla finestra e la donna, affacciandosi a sua volta, vide le fiaccole che risalivano la collina. In preda al panico, fece per chiudersi nella stanza, urtando il pentolone che rovesciò tutto il contenuto sul pavimento. La più grande, non capendo cosa stesse accadendo, tentò di calmare la madre. La donna si gettò a terra, versando lacrime. Singhiozzava come non le accadeva da piccola, quando una volta il padre la batté sonoramente per non aver arato bene. La piccola accorse verso di lei, agguantandola in un abbraccio caldo, amorevole. Le braccia lattiginose non riuscivano a circondarla completamente. La donna si sentì smarrire in quell'abbraccio, così tenero, innocente, puro. Lei non volle insozzare il candore della piccola, toccandola con quelle mani lorde, immonde, demoniache. Guardò entrambe le figlie. Doveva dir loro qualcosa, qualsiasi cosa, prima della fine. Gli occhi che non finivano di lacrimare, le labbra tremanti.

Fece per aprir bocca, ma il marito entrò, gettando un'ombra di inevitabilità sulla famiglia. Le bambine accorsero verso l'uomo, salutandolo e chiedendo, con apprensione, dove fosse stato. Lui le

scansò via, con delicatezza. Prese la moglie per un braccio, tentando di non strattonarla. Si guardarono negli occhi. Nell'espressione di lui, danzavano irrequiete delusione e tristezza. In quel modo, le volle far capire che non aveva altra scelta. Lei chinò il capo, singhiozzando. Lui l'accompagnò fuori, portandola davanti ai membri del tribunale. Le loro tonache nere, su cui riflettevano i lumi delle fiaccole, i loro volti austeri e le lucide croci che portavano appese al collo, le fecero capire che nulla di quanto avrebbe detto sarebbe bastato a far loro cambiare idea o a graziarla. Uno dei sette si fece avanti di un passo. La prese per i capelli e le sputò in faccia. Una bambina, forse ricordava chi era quella piccola dai biondi capelli raccolti e le guance smagrite, la indicò con il dito scheletrico e le urlò: STREGA.
La folla seguì, in coro, intimandole di perire all'inferno, di allontanarsi dai figli e dai mariti delle altre. Una donna decise che anche le due bambine, che si erano fermate sull'uscio, dovevano bruciare come la madre. Lei urlò che loro non venissero toccate, che le lasciassero in pace, che erano in grazia di Dio.I membri del tribunale, asciugandosi la fronte con i fazzoletti di seta, intimarono al boia di accendere la pira, che era stata costruita dietro le loro spalle. La donna venne portata dal marito, che aveva iniziato a tremare convulsamente, di fronte a quella legna accatastata come fosse una croce riversa. Il boia l'aiutò a montare quell'altare della morte, legandole le mani dietro l'albero principale con una corda scarmigliata e macchiata di sangue. Era sangue di maiale, sozzo di merda e di interiora. Lei guardò il marito. Iniziò a pregare. Pregò Dio che l'aiutasse in quel momento e che la perdonasse di aver avuto a che fare con quelle donne, quella notte nel bosco. Che la perdonasse di aver macchiato la propria fede e devozione con il desiderio della carne di quelle giovani e di averle amate, come non aveva mai amato qualcuno con il proprio corpo. Pregava Dio che la perdonasse di aver danzato con loro attorno al fuoco, di aver bevuto dal calice quel vino dolciastro e forte, di aver gustato le prelibatezze della gioventù. Pregava Dio che le sue figlie non scoprissero mai nulla e che avrebbero continuato ad amarla, anche quando non ci sarebbe stata più.
Le due bambine, intanto, erano accorse accanto al padre, strattonandolo dalle braccia, implorando di fermare quell'inferno. Lui stringeva i pugni e non poté fare a meno di lasciar scorrere le lacrime, che si fermavano sull'ispida barba. Alzò lo sguardo, per

un'ultima volta, verso la donna che aveva amato e a cui aveva dato devozione. La stessa donna con cui aveva fatto l'amore la prima volta, con la quale aveva fatto il bagno nudo nello stagno, restando ammalati per una settimana con il rischio di morire. La stessa donna che lo toccava con freddezza e che ancora aveva paura di lui quando le dava il suo amore vigoroso. Anche lei lo amava, lui lo credeva davvero. Ma non avrebbe mai potuto permettere che le figlie potessero seguire le sue orme, che abbracciassero il diavolo. Quando la vide nuda, quella notte, tra le braccia di una strega dai capelli rossi e accesi, mentre le mordeva una parte che non avrebbe mai pensato potesse essere esposta a tali giochi, allora lì capì che quella non era più sua moglie. Quel demonio di Anneth l'aveva soggiogata, spinta verso Satana, mentre si accoppiavano nella casetta accanto e lui dormiva, tranquillo che quegli incontri fossero delle preghiere rivolte a Dio. Ma non riusciva a odiarla. Si guardarono, mentre il fuoco iniziava a divampare sotto i piedi di lei. Si guardarono e, nonostante le lacrime, lui impresse per sempre nella sua memoria quelle parole, nascoste dalle urla e dai gemiti della folla, mentre lei gli diceva che lo amava. Lui fece per salire sulla pira e fermare quell'abominio, ma il boia lo tirò giù, prendendolo a calci. Le bambine si misero in mezzo, urlando e piangendo. Insieme, abbracciandosi, osservarono la madre bruciare, le fiamme che divoravano le vesti e i capelli, che le causavano delle escoriazioni sulle gambe. Le bruciavano i seni ormai esposti, le dita, il viso, mentre lei urlava e chiedeva perdono. L'odore della carne e della stoffa bruciata si diffuse nell'aria, alcuni villeggianti vomitarono, altri si misero a pregare. Molti andarono via, quando il corpo della donna collassò e quel che ne rimase continuò ad ardere, alzando del fumo nero e denso verso il cielo, tingendo la notte di sangue.

A un certo punto una palla comparve dal cielo: si avvicinava, diventando sempre più grande, finché all'improvviso tutto divenne buio.

Un duro pallone di cuoio colpì Ron in piena fronte, facendolo svegliare di soprassalto da quell'incubo: era ricreazione, e Drago Adolfoy stava ridendo come un forsennato.

Capitolo 1

Siamo ritornati, figli di puttana

«BOOM! Headshot! Il ritardato colpito in pieno!» gridò, puntando il dito verso il cielo.

Ron si alzò un po' frastornato, raccolse i libri e si incamminò verso la classe. Il manifesto con il volto di Nevillo attirò la sua attenzione al punto da rischiare la vita sulle scale, ma alla fine riuscì a raggiungere l'aula, andandosi a sedere al proprio posto e tastandosi dolorante la fronte.

Arrivarono anche Jerry ed Hermagone, che andarono ad occupare i banchi accanto.

«Minchia Ron, cos'è quella ferita orribile sulla fronte zio? Tutt'apposto?» chiese Jerry.

«Jerry ma è fantastico! Ora anche io ho una cicatrice come te!», rispose Ron tutto eccitato.

«Ora siamo fratelli di cicatrice!» concluse, girandosi dall'altra parte. Hermagone guardò stranita Ron: quella che aveva in testa era una ferita, e anche piuttosto sanguinante, ma non voleva infrangere i sogni del poveretto, quindi lasciò cadere la questione.

Riprese la lezione di erbologia della professoressa Fanta. Jerry, Ron ed Hermagone dovevano raccogliere delle foglie particolari sotto lo sguardo vigile della professoressa nel giardino botanico della scuola. Ron stava raccogliendo dalle sue piantine stando in una posizione gobba quando, all'improvviso, BAM! Cinque dita più il palmo della mano ariana di Drago finirono sulla nuca del rosso.

«PAM! Ehi, Malpelo, devi stare attento!» lo apostrofò Adolfoy.

Jerry si avvicinò minacciosamente a Drago, muso contro muso, tirando fuori la bacchetta.

«Ehi Adolfoy, sei tu che devi stare attento» esclamò Jerry.

Drago si guardò alle spalle, come per cercare attenzione per il suo gesto, e indicò a Jerry di voltarsi.

«Guarda Jerry, ci sono i tuoi genitori!»

Il giovane si voltò.

«Dove?!» chiese speranzoso.

Drago lo spinse con forza, facendolo inciampare in un secchiello pieno di foglie e finire sopra a una scrivania completamente ricoperta da strani oggetti. L'urto fece cadere un aggeggio che, rompendosi, causò una piccola esplosione. Di lì a poco divampò un incendio che bruciò le pianticelle dell'aula di erbologia. Le fiamme e le piante che ormai ardevano provocarono un denso fumo nero che si andò propagandosi per tutta la classe. Molti studenti iniziarono a correre fuori, seguiti dalla professoressa che spintonava gli alunni per farsi spazio verso l'uscita di emergenza.

«Dove pensi di andare Adolfoy, tu ed io non abbiamo finito» disse Jerry con la voce impastata a Drago che intanto si avvicinava verso l'uscita. Respirare quel fumo stava avendo uno strano effetto su Jerry che era l'ultimo rimasto in quella stanza. Infatti, si era convinto che davanti a lui ci fosse ancora Drago, quando invece era stato il primo ad andarsene.

«Fatti sotto vecchio figlio di puttana!» gridò Jerry al Drago immaginario alzando i pugni al cielo. Poco dopo iniziò anche a colpire il vuoto, ridendo. «Te le sto suonando di santa ragione eh!».

Poi le fiamme iniziarono a divampare sul mantello nero di Jerry che, in uno stato mentale davvero pietoso, iniziò a prenderle a pugni. Le fiamme scottavano e Jerry, sentendo bruciore, iniziò a correre piangendo e ridendo. Non avendo molto il senso della misura, il giovane mago occhialuto sbatté contro una finestra e, rompendola, cadde giù, per sua fortuna, da un solo piano della scuola.

Stranamente si ruppe una gamba e un braccio finendo all'ospedale della scuola dove ormai lo conoscevano tutti.

Capitolo 2

La Briscola

Quel giorno a LasHogwarts, Stilente era parecchio nervoso. Giocherellava con un asso di denari tra le mani mentre guardava fuori dalla finestra.

«Stanno arrivando.» disse ad un certo punto il preside. E si videro due uomini a cavallo in lontananza giungere all'ingresso principale di LasHogwarts.

Jerry Porker bussò un paio di volte all'ufficio di Stilente ed entrò tutto agitato e sudato.

«Professore, sono arrivati!» gridò Jerry.

«Lo so. Sei pronto?» chiese Stilente con fare da vero leader che tranquillizzò anche Jerry col suo carisma.

«Sì. Lo sono.»

«Andiamo ad accoglierli.» e Harry annuì con un cenno di testa.

I due uomini, a guardarli meglio, sembravano un uomo e mezzo... Uno dei due era molto basso, circa la metà dell'altro, aveva dei piedi scalzi e pelosi sproporzionati rispetto al corpo e indossava un mantello blu da viandante. L'altro invece era un uomo alto con la barba lunga e bianca, i capelli lunghi e bianchi, molto simile a Stilente, con uno sguardo che penetrava l'aria.

«Sei in ritardo...» disse Stilente stesso accogliendolo alla porta con Jerry al suo fianco.

«Un pusher non è mai in ritardo, brutto coglione» rispose in maniera secca l'uomo bianco e proseguì «e comunque non ho trovato un cazzo da fumare.».

Quell'uomo era Ganjalf, il grande mago della Terra di Merdor, un posticino del cazzo nei pressi del basso Veneto.

L'aria era elettrica e Jerry chiamò l'attenzione del mezz'uomo: «Frocio Bagigi...», il quale non prese bene quel soprannome: «Vuoi prenderle subito, Porker?!»

«Ti piacerebbe!» rispose Jerry che venne tranquillizzato da Stilente con una mano sulla spalla e la frase: «Via, Jerry, più garbato...».

Erano Ganjalf e Godo Bagigi i due ospiti a LasHogwarts. Il primo era un amico di vecchia data di Autobus Stilente, girano anche voci su una presunta relazione tra i due, mentre lo sanno in tutto il mondo magico che tra Jerry e Godo non corre buon sangue.

Per tradizione, questi quattro si sono riuniti per la partita annuale di Briscola: LasHogwarts contro la Terra di Merdor.

Stanza chiusa, quattro sedie e squadre incrociate. Sigaro acceso per tutti e via con la partita.

«Ehi Ganjalf, ho letto su internet che credono che in uno scontro io ti batterei sul piano magico...» disse Stilente con un sorrisetto provocatorio mentre allontanò il sigaro dalla bocca.

Ganjalf giocò la sua carta con grande maturità e rispose «Sai cos'altro gira su Internet? Il porno di tua sorella».

A questo punto fece un ghigno il giovane Hobbit «Mpf! Zitto e incassa, coglione» riferendosi a Stilente.

Jerry provò a fargli brutto con lo sguardo, ma essendo un ragazzino magrolino con gli occhiali l'effetto che provocò fu solo il dubbio sulle sue intenzioni.

Stilente stava contando i punteggi e disse che lui e Jerry erano arrivati a 36, ma Ganjalf e Godo non la presero bene. Ganjalf aveva fatto un conto diverso.

«Oh ma porco*** io voglio sapere ti come ti fa i conti» disse Ganjalf in dialetto, innervosito.

«15... Più 18... e fa 36» disse in modo distratto Stilente mentre ricontava le carte, ma Ganjalf lo interruppe «Come fa 18 più 15 a far 36».

Poi di colpo Ganjalf si alzò in piedi e allungò la mano verso Stilente in modo minaccioso «15 più 18 non fa 36. Dio ti maledica, te do uno schiaffon che te infilo sotto al muro, to mare puttana, che te copo ***can!!». Silente aveva abbassato la testa e ridaccchiava in maniera nervosa accortosi della pessima figura, mentre se la ridevano Jerry e Godo.

«QUINDICI E DICIOTTO QUANTO FA?! COGLIONE!!» e subito dopo Ganjalf aggiunse numerose bestemmie.

Capitolo 3

GigiWorld

Di notte, LasHogwarts era il posto più pericoloso del mondo. Nella scuola, dopo una certa ora, giravano animali pericolosi, spacciatori, venditori di rose e hooligans in cerca di risse.

Ron chiese ad Hermagone di uscire, quasi fosse un appuntamento. Almeno, per lei lo era. Ron aveva solo paura di dormire, poiché ogni notte aveva incubi spaventosi.

Arrivate le 22:00, Ron si alzò dal letto e iniziò a vestirsi, mentre Hermagone si stava preparando da ben cinque ore, senza aver deciso quale vestito indossare.

Jerry vide l'amico uscire di stanza e, incuriosito, si alzò con ancora addosso il pigiama e lo seguì di nascosto.

Ron andò da Hermagone e bussò alla porta.

«5 minuti e sono pronta!» fece la ragazza da dentro la camera. Ron annuì col capo, ignaro del fatto che la sua amica non avrebbe mai potuto vedere il gesto.

Dopo un'ora e mezza Hermagone uscì dalla stanza, salutò Ron e i due scesero le scale verso il piano inferiore. Durante l'attesa, Jerry si era addormentato in un angolo, svegliandosi poco dopo che i due amici se ne erano andati. Li vide scendere le scale, così partì velocemente alla loro volta ma, ancora assonnato, scivolò sullo scalino, ruzzolando fino alla fine della scalinata: tre ossa rotte, occhiali nuovamente distrutti, una distorsione grave alla caviglia, frattura dell'anca e dente scheggiato. Il giorno dopo venne trovato privo di conoscenza e portato urgentemente in infermeria.

La serata tra Ron ed Hermagone intanto procedeva bene. Una volta scesi vennero subito accerchiati dai venditori di rose.

«Guarda Ron, che belle rose! Lo sai che a noi donne piacciono un sacco questi fiori?» disse Hermagone, speranzosa di poter convincere Ron a comprargliene una.

Ron si limitò a sorridere ed annuire, proseguendo dritto.

Un venditore di rose però era più perseverante: il suo nome era Den Tommaso, uno studente di colore dello stesso anno dei giovani protagonisti.

«Dai amigo, cinqu euri questo rosa bela e molto brofumata» fece Den Tommaso a Ron, inseguendolo con il fiore puntato verso di lui.

«Amigo tieni regalo io per te, dai amigo regalo tieni» continuava Den, incessantemente.

«Ah beh se è un regalo allora lo prendo!» rispose Ron, prendendo la rosa e donandola ad Hermione, la quale apprezzò il gesto.

«No spetta amigo mio, dai dami un euro dai amigo bela rosa.»

Ron, infastidito, disse che era un regalo e continuò il tragitto verso il cortile della scuola.

A questo punto Den Tommaso lo inseguì e, sorprendentemente, il suo strano accento straniero sparì.

«Senti testa di cazzo, mi vuoi dare i soldi o ti devo derubare anche l'anima?! Porca troia, non fare il morto di fame e dammi almeno due euro» urlò il ragazzo di colore, stando dietro alla coppia.

Mentre tutti e tre correvano, un cartello con la scritta "GigiWorld" rubò l'attenzione di Ron che, subitamente, seguì la direzione che vi era stata disegnata sopra.

Giunsero in una stanza nel bel mezzo del nulla.

Ron prese Hermagone per mano e le disse di seguirlo, mentre Den Tommaso stanava i due ancora in cerca di denaro per la rosa.

Ronaldo vide una specie di caverna. Senza pensarci due volte, vi entrò, non chiedendosi dove quella strada lo avrebbe infine condotto. Hermagone si fermò un po' più indietro, incerta se proseguire o meno assieme al suo amico. Den Tommaso la raggiunse e così fu costretta a entrarci.

Il ragazzo di colore osservò l'entrata. Iniziava a nutrire dubbi e fece per andarsene, ma il bisogno di quei soldi era troppo grande, quindi contro ogni ragione si girò di scatto nuovamente verso il buco e ci entrò a quattro zampe.

Dal fondo della tana, scaturiva una luce abbagliante. I ragazzi la seguirono, finché non vi furono completamente immersi. Ciò che videro dopo la caduta, da quello che apparentemente poteva essere il cielo, era una vasta landa desolata. Il primo a cadere fu Ron, seguito da Hermagone e infine da Den Tommaso, il quale durante la caduta emise strani versi animaleschi.

Ripresisi dalla caduta, si guardarono attorno. Nessuno dei tre aveva mai visto questo strano posto, ma fu subito chiaro che si trovavano nel luogo indicato dal cartello, il Gigiworld.

Capitolo 4

I Gigimon

«Dove siamo finiti?» chiese Hermagone, guardandosi attorno e cercando di capire dove potessero esser capitati dopo la caduta.

«Dove cazzo siamo?!» ripeté Den in modo più educato.

Ron si alzò in piedi, dandosi qualche manata sui pantaloni per pulirseli dalla sabbia.

«Questo è il Gigiworld» esclamò infine, sicuro di sé.

Hermagone fece per chiedere all'amico come facesse a saperlo, quando vide qualcosa provenire dal cielo e avvicinarsi sempre di più.

«Cos'è quello? Sembra un uccello...»

A quelle parole, Den Tommaso (ancora seccato per i due euro che gli spettavano) le rispose:

«Non ne hai mai visto uno? Se vuoi te lo mostro subito». Ma, avvicinandosi, si vide chiaramente che quella cosa era in realtà un uccello grande quanto un elefante ed era di colore rosso, roba mai vista; e volava sopra alle loro teste, come un avvoltoio.

«Oh mio Dio, ma è gigante!» esclamò Hermagone.

«Dicono tutte così, all'inizio» le rispose ridendo Den Tommaso.

Ma Ron fissava quel volatile con aria preoccupata.

Cosa fanno gli uccelli? Se avete una moto lo sapete benissimo. Cagano. Non di meno quello, infatti, tirò giù due mattoni di escrementi, che caddero vicino ai ragazzi.

«Attenti!» gridò Hermagone, «quella cosa sembra pesantissima!»

Non fece in tempo ad allarmare anche Ron, il quale aveva nel frattempo allungato il braccio per indicare la montagna appena caduta vicino a loro.

«Andiamo da quella parte, amici!» aveva appena fatto in tempo a dire che PAM!, un escremento cadde sopra al braccio di Ron mozzandoglielo all'altezza del gomito, facendo partire schizzi di sangue.

«Oh santo cielo!» esclamò Hermagone.

«Che schifo!» gridò invece Den.
Ron assunse un'espressione tra il dolore e lo stupore. I ragazzi lo aiutarono a muoversi, per correre nella direzione che prima aveva indicato. L'avvoltoio gigante notò che le prede stavano fuggendo, così smise di espellere quei "mattoni" e si lanciò al loro inseguimento, abbassandosi di quota.
I ragazzi giunsero ai piedi della montagna, ma voltandosi si accorsero con orrore che quel mostro era sempre più vicino.
Ron voleva fermarsi a raccogliere un sasso, ma Hermagone lo trascinò per il braccio ancora integro per farlo riprendere a correre, mentre Den ormai aveva dato ai ragazzi una decina di metri di distacco. Il mostro era sempre più vicino, ma apparve una fessura nella parete rocciosa. Den vi sgusciò dentro, senza pensare agli altri due compagni. Il volatile, ormai a bassa quota, spalancò le fauci, pronto ad inghiottire i due ragazzi che, con agilità, si infilarono nella fessura da cui era sparito il ragazzo di colore e, da vero cult, il mostro sbatté il becco rugoso contro la parete, creando un assordante tonfo da dentro la caverna.
Sussultando all'unisono, i giovani maghi si voltarono ancora una volta. Tornare indietro era fuori discussione, con quel grosso uccello che tentava di allargare la fessura, sbattendoci contro le pesanti fauci incrostate di sangue. La caverna, il cui tetto era coperto da stalattiti cristalline, che si rispecchiavano in un grande bacino d'acqua, era illuminata grazie alla luce che entrava da diverse fessure della grotta. Dopo una breve perlustrazione, si preoccuparono delle condizioni di Ron che stava rischiando di brutto anche in un libro demenziale come questo.
«Dobbiamo innanzitutto cercare di pulire la ferita e fermare il sangue.» disse Hermagone saggiamente.
«Se muori mi lasci i pantaloni?» chiese Den Tommaso e Ron annuì col capo ciondolante.
Hermagone si avvicinò allo specchio d'acqua. Si strappò un lembo della maglia che aveva addosso, in modo da pulire la ferita di Ron. La ragazza fece per immergere il pezzo di stoffa nell'acqua placida del laghetto, quando all'improvviso spuntò un enorme serpente marino blu.
«Come osate entrare nella mia caverna?! IDENTIFICATEVI!» ruggì quel mostro, a quanto pare sapeva parlare.

Hermagone balzò indietro, ma non fece in tempo a rispondere che dall'alto, sopra la testa del serpente, spuntò in salto un altro di quei mostri.

Questo era diverso, innanzitutto era alto solo un metro circa e, nonostante il suo aspetto ricordasse quello di un cucciolo di tirannosauro arancione, aveva addosso un berretto nero con la visiera piatta su cui era stampata la scritta "FCK KLL U" e un coltello da nove dita (illegalissimo) nella zampa destra.

«Spaccalo, Akulmon!» gridò una voce in sottofondo, e il mostro conficcò il coltello nell'occhio destro della bestia che, sotto shock e ferita, ruggì dal dolore, iniziando a scuotere la testa con foga in modo da levarsi quell'essere di dosso.

Il dinosauro in miniatura cadde davanti ad Hermagone e guardò il suo avversario con un sorrisetto soddisfatto, mentre intanto faceva roteare il coltello in quella zampa a tre dita.

«BOMBA MEGA IPER GIGA E ULTRA POTENTISSIMA ESPLOSIVA E DISTRUTTIVA!» gridò il serpente, sputando una palla di fuoco dalla bocca in direzione di Akulmon (oh, si chiama così) e dei ragazzi.

Il dinosauro si scansò e, con un atteggiamento poco eroico, lasciò che l'attacco quasi colpisse Hermagone che, per qualche riflesso fortuito, si mise in salvo saltando via.

«Coltellata infame!» gridò Akulmon che, risaltando sul suo sfidante, tagliò la gola al mostro che poco prima di sprofondare morto sott'acqua disse, agonizzante:

«Io non volevo attaccarvi...».

Akulmon si voltò verso i ragazzi e li minacciò con il coltello ancora sporco di sangue.

«Adesso fuori i portafogli, ragazzi. Non voglio scherzi».

Ron stava già per tirare fuori il borsello con l'unica mano rimastagli, sorridendo, mentre Hermagone si affaticava a curargli la ferita. D'un tratto, una voce richiamò lo stesso Akulmon.

«Aspetta un momento!» fece quella voce, proveniente dal buio della caverna.

Quel suono era familiare ai ragazzi, che si guardarono con espressione confusa. Dalle ombre, una figura coperta da un mantello nero si fece avanti.

«Raga? Hermagone? Ron? Den? Siete voi?»

Il ragazzo misterioso tirò giù il cappuccio ed era proprio lui, il nostro eroe principale: Gustav Lafav.

Tutti furono sbalorditi e questo si poteva chiaramente leggere nei loro volti. Tranne che su quello di Ron, lui sembrava non averlo riconosciuto.

Capitolo 5

Nuovi amici

Gustav fu assalito dalle domande dei suoi vecchi compagni di scuola.

«Gustav?! Dov'eri finito?!» chiese Ermagone.

«Gustav? Sei Gustav?» fece Ron, con espressione ebete.

«Hai un euro per un caffè?» domandò Den, allungando la mano.

Gustav li salutò e, senza perdere ulteriore tempo, raccontò la sua storia.

«Come ben sapete a LasHogwarts sono ricercato per il tentato omicidio di Paciockone, ma come potrete immaginare la mia era una semplice autodifesa. Non riesco a capire come possa essere passato lui per quello buono, queste cose possono accadere solo sotto la gestione di Stilente. Comunque, essendo latitante e ferito ho dovuto rifugiarmi per un po'. Ho girovagato per Las Hogwarts col mantello dell'invisibilità, rubacchiando medicinali e cibo alla scuola. Un giorno, durante le vacanze estive, cercai un posto dove trovare del cibo e finii in questo luogo tramite la vostra stessa strada immagino...»

«Puoi dirci di più su questo posto? Hai scoperto qualcosa?» domandò Ermagone al giovane messicano.

«È un luogo pericolosissimo, anche se meno di Las Hogwarts eh... Qui vivono strani mostri chiamati Gigimon, come Akulmon o quello che ha accoppato poco fa. Akulmon l'ho conosciuto perché una volta arrivato qui, essendo affamato, sono stato borseggiato subito da lui e dopo gli ho offerto una mano per derubare gli altri Gigimon. Lui ha accettato e da quel giorno siamo partner inseparabili»

«Nulla di omo eh!» ci tenne a precisare Akulmon intervenendo nel discorso, mettendo la zampa in avanti.

«Sì, sì, nulla di omo, amici. Nulla di più. Comunque eccoci qui...»

«Sai come si torna a casa?» fu la seconda domanda di Ermagone che sembrava già stanca di quel posto.

«Boh...» fu l'unica risposta del messicano, alzando le spalle.

«Possiamo fare qualcosa per il mio braccio?» intervenne Ron.

«No» rispose Gustav, poi continuò: «Se volete potete accompagnarmi al Villaggio della Scabbia, io e Akulmon avevamo in progetto di rapinare una banca della zona».

«Villaggio della Scabbia? Il nome non piace affatto, inoltre, posso capire quando rubavi per fame, ma ora che senso ha rapinare una banca?!»

«Ehi, cocca. Siamo a Gigiworld. Qui lo fanno tutti...» mentì Akulmon.

«Oh, io ci sto» disse Den.

Arrivò poco dopo anche l'ok di Ron ed Ermagone fu costretta a seguire i suoi compagni di scuola in questa nuova avventura.

Uscirono dalla grotta seguendo un percorso conosciuto da Gustav e Akulmon, ritrovandosi davanti a un sentiero di prateria. Ron era sempre più pallido.

«Dobbiamo fare qualcosa per lui, non ce la fa più, poveretto!» fece Ermagone, in stato di preoccupazione per l'amico.

«Secondo me fa finta» commentò Den.

Gustav, per provarci con Ermagone, si mise dalla sua parte.

«Ha ragione lei, dobbiamo aiutarlo. Non possiamo far finta di niente».

«Poniamo fine al suo dolore?» propose Akulmon tirando fuori il suo coltello.

«NO!» gridò Ermagone, «Gli servono cure mediche. Qui dove possiamo trovarle?».

«Al villaggio della Scabbia forse...» meditò Akulmon.

«Ma si chiama così per via del virus?» chiese preoccupato Den.

«Non saprei...» rispose Akulmon seccato.

«È la nostra unica possibilità a quanto pare, muoviamoci!»

Non passarono nemmeno dieci minuti di camminata che Ron, che evidentemente stava perdendo troppo sangue, si sedette per terra appoggiandosi ad un albero in mezzo alla foresta.

«Forse dovremmo lasciarlo qui, questa foresta è molto pericolosa...» suggerì Gustav, ma Ermagone non volle accettare.

Improvvisamente, qualcosa tra le foglie si mosse e Akulmon, allarmatosi, si mise in guardia col coltello, mentre Gustav tirò fuori una pistola dalla cintura.

«Zitti!» bisbigliò Akulmon. «Questo posto è pieno di Fexmon».

«Fexmon? Che cazzo è un Fexmon?!» chiese Den, allarmato.

«Sono io Fexmon!» gridò qualcuno, spuntando da un cespuglio. Era un orso con gli occhiali da sole e la sigaretta elettronica in bocca, con un paio di tirapugni sugli artigli.

«Ti ammazzo figlio di puttana! Coltellata infame!» gridò Akulmon, lanciandosi con il coltellino nella zampa verso il Gigimon orso che reagì, sferrandogli un destro col tirapugni.

«Mega pugno del cacciatore!».

I metalli delle armi si incontrarono creando un frastuono potentissimo. Gustav ne approfittò per prendere la mira con la sua pistola, ma Fexmon con la coda dell'occhio lo vide e decise di spostarsi; con lui si mosse Akulmon che si prese il colpo proprio sulla zampa destra.

«Cazzo!» esclamò Gustav.

«CAZZO!» gridò Akulmon, ritirando la zampa insanguinata e facendo cadere il coltello.

«Ah ah ah! Coglioni!» li derise Fexmon, che iniziò a preparare un secondo pugno. Akulmon saltò indietro in ritirata, vicino a Ron, ma Fexmon decise di caricarlo e si mise a quattro zampe per saltare sulla preda. Akulmon era davvero agile e si scansò nuovamente. Fexmon stava per colpire, invece, il povero Ron quando, all'improvviso, una luce abbagliante si intromise tra il Gigimon e il ragazzo. Fexmon fu spinto all'indietro, mentre davanti a Ron comparve un angelo.

«Ti stavo aspettando, Ronaldo» gli disse quell'essere avvolto dalla luce.

«Chi sei?» chiese l'innocente ragazzo.

«Mi chiamo Angelomon e sono il tuo compagno Gigimon». Angelomon era un Gigimon con l'aspetto di un angelo, un elmo di ferro che gli copriva gli occhi, delle grandi ali piumate e un bastone d'oro che teneva serratamente in una mano (dai, non serve molta immaginazione a capire come sia fatto questo Gigimon…).

«Adesso basta! Venite fuori, vecchi!»

Al richiamo di Fexmon un'altra ventina di suoi simili gli comparvero alle spalle, pronti ad attaccare.

«Non preoccuparti, Ron. Ci penso io.» Angelomon si mise in guardia tra lo stupore generale e, come i Fexmon si lanciarono alla carica, rilasciò un raggio di luce dal suo scettro; l'unica cosa che si sentì in seguito furono le urla dei Fexmon.

Hermagone e Den erano rimasti ad assistere per tutto il combattimento, ma dal cespuglio alle loro spalle saltarono fuori altri due Fexmon, che si divisero i ragazzi da attaccare.

Quello che balzò su Hermagone fu colpito da un frustino per cavalli in faccia che lo scagliò all'indietro.

«Frustata a pagamento!», gridò l'impugnatrice dell'arma: era una donna con in una tutina da gatta in latex nero. Sembrava umana, se non fosse stato per la coda. L'essere antropomorfo indossava anche una maschera da gatto da cui si riusciva ad intravedere un trucco pesante, con le orecchie particolarmente grandi e dei tacchi a spillo... Insomma sembrava un po' una ballerina di lap-dance e il suo nome aumentò i dubbi.

«Mi chiamo Troiomon e sono il tuo Gigimon, Ermagone!».

Mentre Den, dopo averla vista, iniziava a riflettere se fosse legale e moralmente accettabile per lui accoppiarsi con un Gigimon, la sua vita fu salvata da un guantone da boxe bianco che respinse il Fexmon aggressore.

«Io invece sono Blancomon!»

Blancomon era un Gigimon con le sembianze di un coniglio, grosso quanto Akulmon e caratterizzato da due guantoni da boxe bianchi, lo stesso colore di Blancomon del resto, fatta eccezione per gli occhi azzurri. Quando si voltò per vedere Den, il suo sorriso compiaciuto svanì e sembro piuttosto deluso.

«Ah... Sei tu il mio partner...» fece il Gigimon, non riuscendo a nascondere il disappunto.

Den non la prese bene.

«Cosa c'è? Non ti vado bene per il colore della mia pelle per caso? Eh faccia di merda?!»

Blancomon non rispose.

I Fexmon sopravvissuti fuggirono via e Angelomon si avvicinò a Ron. Lo avvolse in una luce dorata e quando questa svanì il suo braccio era ricomparso. Ron si alzò in piedi, dandosi qualche pacca per pulire i pantaloni e dimostrando di star bene più che mai.

«Non è che puoi fare qualcosa anche per me?» chiese Akulmon ad Angelomon mostrandogli la zampa ferita ed Angelomon lo aiutò come fece con il suo partner. A questo punto Blancomon, indicando Den, chiese ad Angelomon se si potesse fare qualcosa per "lui". L'angelo fece cenno di no, irritato dalla domanda.

I maghi avevano trovato tutti i loro nuovi amici Gigimon, con i quali sarebbe nato un legame profondissimo. Forse non per Den, però…

Capitolo 6

Rapina alla banca

Ormai il gruppo era al completo: ognuno aveva il suo Gigimon e soprattutto erano felici, o quasi. Seguendo Gustav, si recarono in una piccola cittadella della zona, che il Messicano chiamò "La città sfigata".

Infatti, raccontò Gustav, il posto era abitato da strani Gigimon nerd, quarantenni e vergini, da qui il nome della città, Nerdolandia.

Giunti lì, Gustav si mise una calza in testa in modo da rendere il proprio volto irriconoscibile alle telecamere.

«Prendete, mettetevele addosso prima di entrare in banca» disse Gustav, consegnando una calza a tutti.

«Purtroppo i Gigimon normali non possono entrare in banca, quindi ci aspetterete qui fuori» continuò Gustav.

«Ma questa è una cazzata colossale!» rispose Blancomon, sbattendo i piedi per terra e pestando per sbaglio quelli di Den Tommaso, che subì una distorsione alla caviglia. Il Gigimon la prese sul ridere, dicendo che non l'aveva visto. Eppure il gesto sembrò proprio fatto apposta.

Den ed Hermagone indossarono la calza in testa come da indicazione, mentre Ron se la mise al piede, non capendo come inserire la testa.

«Al mio tre entriamo, pronti? Uno! Due! Due e mezzo… Due e tre quarti…»

«Ce la fai?» lo esortò Hermagone.

«Tre!» urlò Gustav, sbavando e smascellando, preso dall'eccitazione.

I tre entrarono mascherati dentro la banca, il primo a parlare fu Ron.

«Fermi tutti questa è una rapina! Ah ah ah!»

Un gruppo di clienti Gigimon-nerd e sfigati assistettero all'entrata dei giovani e, divertiti, si fecero qualche risata per poi proseguire con i loro affari.

«Lascia fare a me» urlò Den a Ron.

«Fermi tutti motherfuckers, questa è una rapina!» sbraitò il ragazzo di colore, muovendosi in modo strano, quasi come il movimento di un granchio sulla sabbia mentre cerca di raggiungere il mare.

In quel preciso momento scoppiò il panico dentro la banca: tutti si lanciarono per terra, commessi e clienti. Anche Ron prese paura e si coprì per un attimo la testa, per poi ricordarsi di essere il rapinatore; alzatosi nuovamente in piedi, controllò di non aver bagnato i pantaloni un'altra volta.

«Se siete dei veri rapinatori, dove sono le pistole?» disse una voce stridula da dietro uno degli sportelli.

Era la voce del dipendente Gigimon-nerd che era appena stato assunto. Dopo cinque anni di miseria, carità ed alcolismo, aveva trovato finalmente lavoro. Era stato licenziato dal cantiere per il quale faceva da manovale, e, rimasto senza un soldo, perse anche la moglie e il figlio che lo abbandonarono in cerca di una vita migliore, non potendo trovare felicità e stabilità economica. Dopo l'assunzione in banca, si decise a ricontattare la sua ex-moglie, la quale promise di ritornare con lui, facendo finalmente pace. Dopo anni poteva finalmente vivere una vita felice e rivedere suo figlio.

O almeno così sembrava.

Ma ora torniamo al colpo in banca.

Dopo questa domanda, Gustav tirò fuori da sotto il mantello il vecchio fucile donatogli dalla madre e lo puntò contro il dipendente. Si guardarono per un istante, Gustav le mani salde sul grilletto e un sorriso di beffa stampato in volto.

«Questa ti va bene?» disse quasi sibilando a denti stretti, per poi sparare un colpo secco al petto dell'uomo, il quale si accasciò a terra emettendo un urlo alquanto femminile.

Con quel filo di vita che ancora gli permetteva di muoversi, l'uomo agguantò tremante il cellulare che, durante la caduta, gli era scivolato dalla tasca. "Mai una gioia" fu solo quello che riuscì a scrivere alla moglie prima di mollare la presa, quindi con un ultimo sospiro si lasciò andare in una pozza di sangue.

«Gustav! Sei impazzito? Non puoi uccidere Gigimon a caso!» urlò isterica Hermagone.

Den Tommaso, nel frattempo, aveva svuotato tutta la cassaforte e stava già uscendo dalla banca con le sacche di denaro.

I ragazzi uscirono di corsa dalla struttura. Ron, però, rimase all'interno.

Andò dal Gigimon-nerd ormai deceduto e gli prese il telefono.
La moglie del Gigimon aveva risposto e Ron, senza alcun motivo, lo aprì.
«Cosa succede tesoro?» recitava l'sms.
Ron perse qualche secondo a leggere, per poi rispondere:
«Nulla, ho appena fatto una rapina in banca.»
Si intascò il telefono e uscì raggiungendo gli altri ragazzi.
Una volta fuori, incontrarono i Gigimon non nerd e scapparono via dalla città prima dell'arrivo delle forze speciali.
Calmatisi, il Gigimon di Den, Blancomon, controllò il denaro, contando minuziosamente il bottino.
«Vediamo di non farla sparire subito eh!» commentò, guardando sospettoso il suo partner.
I giovani si accamparono in una pianura, formarono un cerchio e accesero un fuoco per scaldarsi.
«Che ne dite se ci raccontassimo una storia dell'orrore?» propose Ron tutto eccitato.
«Io non ne conosco» rispose Den.
«Io neanche» fece eco Gustav.
«Io ho sonno» disse infine Hermagone.
Tutti si addormentarono, mentre Ron rimase seduto davanti al fuoco per qualche ora.
Uno squillo lo fece balzare in aria dalla paura. Era arrivato un nuovo sms dalla moglie del Gigimon-nerd ucciso.
«Perché diavolo hai fatto una rapina nel tuo primo giorno di lavoro?» recitava l'sms.
«Weila:)» rispose Ron.
La conversazione continuò:
Moglie vedova: «Quanti soldi hai preso?!»
Ron: «Molti»
M: «E ora cosa farai?!»
R: «Non lo so. Tu cosa stai facendo?»
M: «Ho messo a dormire il piccolo… Quando tornerai a casa?»
R: «Non lo so, forse non tornerò più:)»
M: «Tesoro, perché ci stai facendo questo? Non ti importa di noi?!»
R: «A volte faccio due passi con la stessa gamba»
M: «Eh…?»
Dopo questo scambio di sms con la moglie del Gigimon ucciso da Gustav, Ron spense il cellulare, lo rimise in tasca e si accasciò al suolo, facendosi qualche ora di dormita.

Capitolo 7

Un nuovo terribile nemico

Il mattino seguente, i nostri eroi si misero in viaggio verso Stronzopoli per conquistare la terza medaglia della lega dei Gigimon. (ah no…). Si misero in viaggio verso quella direzione probabilmente perché latitanti in quella precedente… Stronzopoli era una città meravigliosa, la capitale economica di Gigiworld, un po' come Milano per l'Italia.

«Com'è questa Stronzopoli?» chiese Troiomon mentre masticava una cicca ricordando vagamente una gentil femmina della strada.

«Per un crimine è la città perfetta, piena di negozi e banche… Lì si lavora dalla mattina alla sera per fatturare» rispose Akulmon.

«Adesso basta! Posso accettare una volta un'oscenità del genere! Ma ora la smettiamo con queste cose immorali! Gustav! Sì dico a te! Tu hai sparato a sangue freddo a un Gigimon!» disse Hermagone arrabbiata.

«Senti un po', chica» iniziò Gustav con quel fare da messicano, «questi Gigimon sono un po' come animali, si possono ammazzare senza tanti rimorsi… Intanto puoi dirmi se il tuo nome si scrive Hermagone o Ermagone?» In effetti la domanda ce la stiamo ponendo tutti dal primo libro, ma la domanda sembrò irritare parecchio Hermagone (perché in questo capitolo lo scriviamo con la H) che non rispose e stizzita continuò a camminare.

«I Gigimon sono come gli animali?! Brutto razzista di merda!» gli commentò Blancomon.

«Parli tu?!» si infuriò il suo partner, Den.

Hermagone tenne il muso con Gustav e Blancomon con Den per tutto il resto del viaggio.

Ma ecco che videro un cartello davanti a un grande portone murato.

- SI LAVORA E SI FATICA PER IL PANE E PER LA FICA - con scritto sotto - Welcome to Stronzopoli -. Erano davanti alle mura della città.

All'ingresso c'erano due Gigimon con le sembianze di gorilla vestiti in abito scuro con gli occhiali da sole che fermarono i nostri giovani amici.

«Fermi, siamo i Bottemon. Avete il visto per entrare?»

«Il visto? Ma cosa cazzo è?» chiese Gustav ai suoi compagni, tra cui Hermagone che ancora offesa dalla conversazione precedente voltò lo sguardo.

«Calma, ho tutto io qua, fatemi controllare...» disse Akulmon in maniera sospetta avvicinandosi a un Bottemon che era il doppio di lui facendo finta di controllare qualcosa tenuto nella zampa. «Dunque il visto... Dovrebbe essere... Coltellata infame!» e partì l'attacco di Akulmon che balzò sul collo del Bottemon davanti a lui pugnalandolo in maniera, in effetti, abbastanza infame.

L'altro Bottemon si avvicinò e sferrò un pugno secco sul muso ad Akulmon sbalzandolo a tre metri in lontananza.

«Piccola lucertola di merda, hai ammazzato mio fratello!» fu la sfuriata del Bottemon. Il bestione si stava avvicinando ad Akulmon quando intervenne Troiomon a salvargli la vita mostrando all'energumeno una coscia «Ehi tu, solo 30 euro per te...», nemmeno il tempo di farci un pensierino che fu colpito all'improvviso sul mento da un pugno di Blancomon che gridò il nome del suo attacco «PUM!» (forse non era il nome dell'attacco).

Il Bottemon sbatté contro il portone e Angelomon stava preparandosi a finirlo roteando il bastone, quando, Ron gli gridò «Fermo!». Angelomon si voltò a guardare la sua guida umana e Ron gli disse «Tu non devi combattere». Non si sa benissimo quale motivo ci fosse dietro questa decisione, essendo Angelomon il più forte dei Gigimon visti finora, ma non doveva più combattere per volontà di Ron.

Bottemon stordito fece quindi in tempo a rialzarsi ma fu rimesso a sedere con un buco in fronte da Gustav che aveva tirato fuori il suo amato fucile.

I ragazzi presero le chiavi dalla tasca del Bottemon e aprirono il portone per Stronzopoli.

Quello che trovarono, però, non sembrava affatto una città moderna, ma un campo di prigionia. C'erano un sacco di Gigimon con sembianze di teneri animali legati tra loro con una catena al piede che trasportavano massi pesanti per costruire fortezze e altri che scavavano per qualche strana ragione. Il tutto era organizzato da dei Gigimon a forma di scimmia con una cresta da gallo nera in testa.

«Chi sono quelle scimmie?» chiese Gustav ad Akulmon. Blancomon si girò verso Den, il quale ricambiò lo sguardo con sfida.

«Sono Cionmon, non particolarmente forti. Ma subdoli e spietati...» rispose Akulmon.

«Non dovremmo intervenire?!» chiese Hermagone rivolgendosi soprattutto al suo Gigimon, Troiomon.

Ma la risposta fu di Gustav «Ma ti pare? Ah ah ah!» e scoppiarono a ridere anche Akulmon, Den e Blancomon. Ron rimase impassibile e Angelomon sembrava imbarazzato dal ragazzo rosso.

«E va bene Troiomon! Pensaci tu, per favore!» disse infastidita dai compagni, Hermagone. Troiomon obbedì tirando fuori il suo frustino per cavalli e masochisti sessuali e si avventò a tirare frustate ai Cionmon che risposero a colpi di frusta anche loro. Troiomon però li castigava tutti quei Gigimon, non erano particolarmente forti, anzi, delle mezze seghe.

Arrivarono anche una ventina di Bottemon e quelli sì che erano pericolosi. Ma iniziarono a cadere a colpi di fucile di Gustav che decise di intervenire per provarci con Hermagone.

Si unirono alle scazzottate anche gli altri Gigimon, eccetto Angelomon che rimase a guardare con Ron mentre gli altri maghi tirarono fuori le loro bacchette (sì, le hanno...) e a fare incantesimi nella mischia per aiutare i loro partner Gigimon.

Ad un certo punto, Hermagone e Troiomon si ritrovarono spalle contro spalle circondate da Cionmon, ma non sembrava un problema, riuscivano comunque a spaccarli, solo che non finivano più.

Improvvisamente però, le luci della città si spensero. Due grandi proiettori puntarono verso il cielo verso una mongolfiera gialla e partì la base della canzone "Matti" di Renato Zero.

Dalla mongolfiera si affacciò una scimmia arancione con una bandana a fiamme, gli occhiali da sole e il sigaro, con una chitarra appesa al collo, che si buttò giù a peso morto.

«Ma che cazzo fa quel coso?!» chiese Akulmon a Gustav che guardò affascinato.

Precipitò sempre di più per fare un'entrata di scena epica, ma cadde male e probabilmente si provocò anche qualche lesione, però si rialzò senza dare segni di cedimento e iniziò a parlare con la sua voce squillante: «WEILAAA»

«Chi cazzo sei?!» gli gridò Akulmon dalla distanza.
«IL MIO NOME È PRIMATEMON, GENERALE DEL GRANDE IMPERATORE A» cantò quasi quel Gigimon bizzarro mentre riecheggiava un motivetto alla chitarra e mostrando con fierezza una fascia con scritto una *A* sul braccio.
«Adesso ti suono il culo!» gridò Akulmon correndo verso di lui col coltello e fu subito seguito da un feroce Blancomon che gridava «Scimmia del cazzo!».
Intanto Ron, lontano dagli altri compagni nella mischia spoilerò: «A sta per Adolfoy» e fu guardato con grande stupore da Angelomon.
Akulmon stava per colpire Primatemon, ma questo gli spaccò addosso la chitarra lanciandolo via come un battitore di baseball e subito dopo tirò un ceffone a Blancomon che essere investiti da un autobus a confronto è meno doloroso.
«Ha un'aura potentissima! È mostruoso!» gridò un Gigimon schiavizzato di colore verde e la forma aliena. Ma nessuno lo ascoltò.
Con un'occhiata d'intesa con Hermagone, Troiomon partì all'attacco anche lei, ma Primatemon era velocissimo e le comparve alle spalle, però all'ultimo scelse di palparle il culo anziché attaccare. Questa tecnicamente è molestia sessuale, ma da quelle parti non c'era una cosa chiamata "polizia" al momento.
«WEILA» disse Primatemon. Questo gesto fece imbestialire Hermagone (ancora nervosa per colpa di Gustav) che corse addosso al Gigimon nemico con la bacchetta in mano.
«UN'UMANA EH... QUESTE DUE LE PORTO AL GRANDE A. POTREBBE DIVERTIRSI» disse nel frattempo Primatemon.
Iniziò a far partire un suono da quella chitarra elettrica e gridò «Canzone del coniglio!».
Gustav e Den che erano ancora in piedi si chiesero perché "del coniglio" essendo più simile a una scimmia, ma poco dopo il suono di quella canzone pietrificò i ragazzi e i rispettivi Gigimon, eccetto Angelomon. Lui sembrava potersi muovere tranquillamente, ma Ron non ne voleva sapere di farlo combattere.
Hermagone era rimasta pietrificata mentre era ancora in corsa, una cosa alquanto imbarazzante, Primatemon accompagnato da due Cionmon prese di peso Troiomon ed Hermagone e le portò su una nuova mongolfiera e prima di sollevarsi da terra salutò i ragazzi.
«BELLA RAGAZZI. CI SI BECCA IN GIRO, MI TROVATE IN

TOUR PER GIGIWORLD E I BIGLIETTI DEI CONCERTI
SONO DISPONIBILI ON-LINE».
Quindi passò qualche minuto prima che i nostri eroi potessero
tornare a muoversi, ma si ritrovarono già legati ai polsi dai
Cionmon e Primatemon era già un puntino lontano con le due
sventurate.

Capitolo 8

Ehi, ma Jerry?

L'escluso dalla compagnia, Jerry Porker, stava per essere dimesso dall'infermeria, dopo il grave incidente subito mentre seguiva Ron ed Hermagone.

Dovette usare delle stampelle per poter uscire e raggiungere la sua stanza, il che sarebbe stato parecchio difficile poiché a LasHogwarts non sono presenti ascensori e il giovane avrebbe dovuto percorrere tutte le scale a piedi.

Impiegò ben quattro ore per salire le scale e nonostante tutti gli altri studenti passassero da quelle parti nessuno diede una mano al povero Jerry.

Una volta arrivato davanti la stanza pensò di trovare come al solito l'amico Ron intento a lanciare sassi dalla finestra.

Alzando una stampella provò ad aprire la porta della camera, dopo aver graffiato tutta la maniglia riuscì ad aprirla e si lanciò spingendosi dentro la stanza volendo spaventare Ron.

«Kamikazeeeeeeeee» urlò il giovane maghetto perdendo l'equilibrio e cadendo per terra.

Si rialzò ma dell'amico nulla, non ce n'era traccia.

Confuso, si mise a dormire.

Il giorno seguente andò a trovare Autobus Stilente nel suo ufficio, gli spiegò che Ron non era rientrato nella sua stanza e non solo lui, ma anche Hermagone sembrava scomparsa.

«Questa faccenda non ti riguarda Jerry, ci penserò io. Ma confido in te che questo rimani tra noi, non devi farne parola con nessuno. Non vogliamo diffondere il panico, vero Jerry?»

Disse Autobus.

«Certo signore, capisco bene. Ora la saluto, abbiamo lezione»

Rispose Jerry, girandosi dall'altra parte con le stampelle.

Ad una certa Autobus allungò la mano e strinse il braccio a Jerry, mentre tentò di accarezzarlo alla nuca; quest'ultimo si allontanò guardandolo e senza capire le intenzioni del preside.

«Senti Jerry, sai che questa è una scuola di magia, vero?»
«Certo che lo so, signore» disse Jerry confuso.
«E sai a cosa sono bravi i maghi?» replicò Stilente accarezzando il braccio di Jerry.
Jerry non capì, per un attimo fraintese e dubitò del preside.
Ma egli continuò.
«I maghi, caro Jerry, fanno magie... posso guarirti queste brutte ferite se lo desideri»
«Ma certo!» rispose Jerry, dandosi un colpo sulla fronte.
Jerry uscì dall'ufficio di Stilente guarito e tutto nuovo, ma si portò dietro le stampelle pensando fra sé e sé «Chissà, magari in futuro serviranno per rimorchiare qualche bella topa».
Arrivò giusto in tempo alla lezione della McGranita, l'unico posto vuoto rimasto era quello di fianco allo studente più sfigato della scuola: Collino Creepey, un ragazzo che sognava di fare il fotografo.
Jerry si dovette sedere accanto a lui, pur odiandolo a morte.
«Perdincibacco! Jerry! Tu sei Jerry Porker!» disse schizzando gioia il giovane Collino.
Jerry non rispose e fece finta di cercare qualcosa nello zaino.
«Posso farti una foto?!» chiese Collino euforico.
«Ok, zio, ma non taggarmi se esco male» rispose Jerry dandosi delle arie.
Collino fece una foto a Jerry, che subito chiese al compagno di vederla per sapere come fosse uscito.
Jerry rimase stupito: aveva finalmente trovato una nuova foto profilo da usare, poiché in quella era uscito davvero bene.
I due passarono tutta la lezione a conoscersi e a scattarsi foto: Jerry aveva trovato un nuovo amico.
Il pomeriggio non c'era lezione, Jerry ne approfittò per uscire con Collino in giro fuori dalla scuola.
Jerry chiese a Collino di fargli un set fotografico, egli ci pensò un attimo.
«Non lo so Jerry, di solito dovrei farmi pagare per un intero set...» disse Collino.
«Zio ma non mi vedi?! Cioè hai il ragazzo con la cicatrice, quello più figo della scuola e mi vuoi chiedere pure soldi?! Sei pazzo fra?! Sei tu che dovresti pagarmi! Ma visto che siamo amici, per te farò un favore» rispose Jerry irritato.
Collino, confuso, accettò.

Cominciò il primo set.

T-shirt bianca dentro ai jeans a zampa d'elefante, catenina d'oro e giacca jeans sorretta col dito dietro la schiena. Come sfondo la foresta proibita.

Ben cinquecento foto.

Jerry si era portato anche un cambio, ma era già sera e non c'era ormai più luce.

«Senti Collino, ma tu fai anche foto di nudo artistico?» chiese Jerry.

«Non lo so Jerry, non ho mai fatto, ma c'è sempre una prima volta...» disse Collino.

I due passarono la notte dentro la stanza di Jerry, probabilmente scattando un intero set di foto nude e in posizioni provocanti del giovane, o forse fecero anche altro. Nessuno seppe mai quello che successe all'interno di quella stanzetta, fatto sta che tra i due si instaurò un profondo legame d'amicizia. Peccato che Collino alla fine di questo libro morirà. Spoiler. Ancora?!

Capitolo 9

Prigionieri

«Svegliatevi, luridi!»

Una secchiata d'acqua gelida piombò sui nostri eroi causando a loro un brusco risveglio. Ron aprì gli occhi come gli altri, si guardò attorno e vide che si trovavano in una cella in mezzo a pareti di cemento armato, poi vide dei Cionmon con un secchiello in mano e infine si girò sull'altro fianco e continuò a dormire. Ci vollero altre tre secchiate d'acqua e uno schiaffo di Akulmon per fargli capire che doveva restare sveglio.

«Oggi dovrete lavorare nella miniera d'acciaio, muoversi» disse un Cionmon colpendo con una frustata Blancomon, la cui reazione immediata fu rivolgere una smorfia dall'ambiguo significato verso Den (come se volesse insinuare che quella frustata avrebbe dovuto prenderla il suo partner).

I protagonisti passarono la giornata a picconare contro materie prime in miniera e a discutere un piano di fuga ogni volta che le guardie erano lontane.

Le idee per la fuga però sembravano decisamente kafkiane e poco applicabili. Giusto per fare un esempio: una prevedeva il fingersi morti per farsi togliere le catene ed essere liberi di attaccare i Cionmon per farsi strada verso la libertà, solo che, per rendere efficace il piano, i ragazzi e i loro Gigimon avevano stabilito che almeno un paio di loro sarebbero dovuti morire davvero e inutile dire che ci fu un acceso dibattito tra Den e Blancomon (Ron si offrì come volontario, ma Angelomon, per proteggerlo, fece brutto ai ragazzi con la sua aria da paladino dei cieli). Passarono il resto del tempo a loro disposizione discutendo anche di come fare in seguito per andare a salvare a Hermagone e Troiomon, ma finirono con lo scherzarci su e anche qui non conclusero nulla.

Una precisazione a questo punto è d'obbligo: Angelomon è in grado di spezzare facilmente le catene e liberarsi, ma Ron, stranamente, sembrava essere contrario pure a questa iniziativa.

La sera furono guidati in una grande struttura assieme agli altri Gigimon schiavi dove i Cionmon e i Bottemon sembravano divertirsi con dei boccali di birra in mano attorno a una gabbia di 3x3 metri.

«Se volete mangiare dovrete dimostrarvi più forti, in questa gabbia dovrete combattere tra di voi e il vincitore avrà diritto a un tozzo di pane!» disse un Bottemon con un sigaro in bocca. Gustav, Den, Ron, Akulmon, Blancomon e Angelomon erano tutti insieme in mezzo alla folla di un centinaio di altri Gigimon e a loro si avvicinò un Gigimon con una voce familiare.

«Eh, vecchi... Qua si lavora sodo» con questo accento friulano, capirono subito che si trattava di un Fexmon.

«Fexmon?! Anche tu qui?!» chiese Gustav.

«Ci sono tanti Fexmon a Gigiworld... Non sono per forza lo stesso che vi ha cercato di rapinare nella foresta qualche giorno fa...»

«Sei bellissimo» interruppe tutti Ron fissando il Fexmon a bocca aperta e creando un imbarazzo generale...Il tenente Bottemon iniziò a leggere i nomi degli sfidanti e i primi chiamati sul ring furono Den Tommaso e Blancomon. Non ci fu nemmeno un'obiezione, i due entrarono in gabbia camminando con aria di sfida, Den si levò pure la divisa scolastica rimanendo solo in pantaloni mentre Blancomon si schioccava i pugni dall'altra parte del ring.

«Non ci sono regole, che lo scannamento abbia inizio!». Den iniziò a gridare con un inglese slang e Blancomon iniziò a colpire violentemente il ragazzo, il quale rispose con altrettanta violenza e rabbia.

Gustav che li stava fissando intanto scambiava qualche chiacchiera con Fexmon.

«Senti ma voi da dove venite?» chiese il Fexmon.

«Io New Mexico, il ragazzo nel ring è del Senegal e questo ragazzo non lo so precisamente...» riferendosi in ultimo luogo a Ron che fissava il Fexmon ormai imbarazzato.

«Come ci siete arrivati qui a Gigiworld?»

«Io ero latitante... Ho trovato una mappa in casa di Swagrid con indicata la "Camera Segreta", una specie di grotta nascosta nella pianura esterna a LasHogwarts che mi ha teletrasportato qui... Anche per gli altri penso sia andata nello stesso modo...»

«Un momento... LasHogwarts? Quindi voi siete dei maghi?!» si stupii il Fexmon alle parole di Gustav.

«Eh già...» annuì il messicano.

«E perchè non uscite da qui usando la magia?!»

«Ma che diamine... Non hai del tutto torto... Io non ho frequentato molte lezioni però... Comunque essendo ora senza manette o catene al piede perché voi Gigimon qui non avete organizzato una rivoluzione?!»

«Beh... Magari non siamo così forti... Non lo so esattamente... La cosa è un po' complicata, vecchio...» dovette rispondere il Fexmon un po' impreparato.

Poi Gustav si girò verso Akulmon e gli chiese «Inoltre... Tu puoi solo colpire con quel coltello? Non sputi fuoco? O soprattutto: non puoi gigievolverti?», a quel punto Akulmon guardò malissimo Gustav e lo liquidò snervato «Senti, ma per chi ci hai preso? Ci stai confondendo con qualcun altro mi sa...».

Nel frattempo Den e Blancomon stavano dandosele di santa ragione e il sangue iniziava a colare dai loro visi.

«Ho un'idea!» disse Gustav ad Akulmon, Ron e Angelmon.

«Dicci tutto, amico!» esclamò Ron.

«In tutto questo tempo a LasHogwarts ho imparato solo questo incantesimo, ma è arrivato il momento di usarlo. Impugna il coltello Akulmon!».

Akulmon con un gesto deciso tirò fuori la lama dalla cintura (sì, aveva anche una cintura. Da dove pensavate che tirasse fuori la lama ogni volta sennò?) e guardò Gustav determinato. Il giovane mago si ricordò di non avere una bacchetta con sé e allora la prese dalla divisa di Ron senza chiedergli il permesso. La puntò al suo partner e pronunciò l'incantesimo «Vuingardium leviosaàhh» e Akulmon iniziò a sollevarsi dal suolo in seguendo il movimento saliente della bacchetta di Gustav.

Il Gigimon cominciò ad agitarsi in aria «Ma che cazzo fai?! Gustav, mettimi giù che ti accoltello!». Un Bottemon si accorse di quel movimento e ordinò a due Cionmon di andare a frustare i ribelli. Ma Gustav direzionò verso di loro la bacchetta e Akulmon fu scagliato addosso a loro facendoli rimbalzare indietro. Il Gigimon si era fatto male anche lui, ma Gustav lo riportò indietro e lo direzionò verso il Bottemon, Akulmon bestemmiò durante questo secondo lancio e questa volta sfondò una parete dopo l'impatto con il tenente Bottemon.

«Raga! SIAMO LIBERI!» Fu il grido di un Gigimon prigioniero che si fece spazio correndo verso la via d'uscita creata da Gustav.

Una ventina di Cionmon si diressero verso i prigionieri per riportarli dentro ma essi furono aiutati a fuggire dal nobile Gustav che usava Akulmon per scaraventare via i Cionmon in arrivo. «BASTAAA!» Gridò disperatamente Akulmon. In effetti avrebbe potuto sconfiggere quei Cionmon anche da terra, ma Gustav sembrava averci preso la mano. Tanto che allargò la fessura sul muro facendoci volare contro il suo Gigimon per un altro paio di volte. Poi smise e corsero tutti fuori aiutando anche Akulmon a rialzarsi che era a terra e si reggeva la testa con una zampa. Gli unici che non sembravano intenzionati a fuggire sembravano Den e Blancomon, che erano rimasti nel ring a pestarsi. Furono separati da Gustav e Fexmon, i quali ci misero un po' a far capire ai compagni che erano liberi e quel combattimento non era più necessario.

Capitolo 10

Nigga Island

In un angolo dello scompartimento fumatori di prima classe, il preside Stilente tirò una boccata di fumo dal sigaro e scorse con interesse le notizie magiche della "Gazzetta di Cazza". Poi, depose il giornale sulle ginocchia e guardò fuori dal finestrino. Diede un'occhiata all'orologio: ancora due ore di viaggio. Il preside Stilente si tolse di tasca una lettera. La grafia era quasi illeggibile, ma alcune parole risaltavano con inaspettata chiarezza:

Carissimo Autobus... da tanti anni non ho sue notizie... deve venire a Nigga Island... Un luogo incantevole... tante cose da dirle... i vecchi tempi... comunione con la natura... crogiolarsi al sole... alle 12,40 dalla Terra di Merdor... Sempre suo
Ganjalf

Jerry Porker, in uno scompartimento di terza classe dove avevano preso posto altri diciannove viaggiatori, appoggiò la testa allo schienale e chiuse gli occhi. Faceva un caldo della madonna, in treno, quel giorno.
Si può capire il biglietto economico, ma in diciannove in uno scompartimento è da profughi estremi.
Jerry sarebbe dovuto essere anche lui a LasHogwarts a seguire le lezioni, ma poi arrivò quella lettera:

Ho trovato il suo numero scritto sui bagni dell'autogrill di Cosenza, che la raccomanda in modo particolare, perché vi è conosciuto personalmente.
Le corrisponderò volentieri lo stipendio che chiede, e l'aspetto, per iniziare il lavoro presso di me, il giorno 8 marzo. Il treno parte alle 12,40 da LasHogwarts. Troverà qualcuno a riceverla alla stazione. Accludo due sterline per le spese.
Un cliente anziano

Sul bordo superiore del foglio era stampato l'indirizzo: "Nigga Island, Baracca di William, Devon".

Jerry aprì gli occhi e guardò accigliato il ragazzo che sedeva di fronte. Basso, gracile, con gli occhi chiari piuttosto ravvicinati e una grossa macchina fotografica appesa al collo.

«Scommetto» pensò «che sto frà vuole farmi una foto dove ci sono io nudo a cavallo…»

Collino Creepey giudicò Jerry che gli stava davanti con un solo rapido sguardo degli occhi mobilissimi. Molto carino… con un non so che di vero ribelle, forse… "un tipo freddo", si disse, "uno che certo sapeva il fatto suo, in amore e in guerra".

Corrugò la fronte. No, basta con certe sciocchezze. Doveva pensare agli affari, al suo lavoro.

Ma quale sarebbe stato, precisamente, il suo lavoro? Quell'ebreo si era comportato in modo misterioso.

Vogliamo evitare altre righe di misteriosa narrazione per cui vi diremo semplicemente che su quel treno vi erano anche Swagrid, Godo Bagigi, Jimmy Whiskey (sorella zozza di Ron Whiskey), Severo Pitone, Miserva McGranita e l'illustre signor Voldeporc. Il treno fermò d'innanzi a un porto navale, i dieci ospiti dovettero prendere un traghetto per raggiungere la casa desiderata.

La barca girò intorno alle rocce. E finalmente, la casa apparve, al lato sud dell'isola era del tutto diverso, scendeva in dolce declivio fino al mare. La casa era là: bassa, quadrata, vittoriana, con grandi finestre che lasciavano penetrare molta luce. Davanti all'ingresso vi erano due uomini di colore in abito scuro. Uno alto e muscoloso con dei tatuaggi che a malapena si vedevano sul collo, l'altro basso, con gli occhiali e la panza.

«Il mio nome è Ronald Sega Seagal, potete chiamarmi solo "Ronald". Si cenerà alle otto» disse quello più basso senza tanti giri di parole.

«Lui è Lukasz Mitra Killaz, ma per semplicità potrete chiamarlo semplicemente Mitra» aggiunse indicando il suo compagno che faceva brutto a tutti quelli che entrarono, uno ad uno.

Jimmy Whiskey alloggiò al secondo piano e trovò la stanza spoglia, l'unica cosa che attirò la sua attenzione fu un foglio di carta sul comodino che lesse attentamente, era una poesia:

Dieci poveri negretti

se ne andarono a mangiar:
uno sboccò anche l'anima,
solo nove ne restar.
Nove poveri negretti
fino a notte alta vegliar:
uno cadde dalle scale,
otto soli ne restar.
Otto poveri negretti
se ne vanno a passeggiar:
uno, ahimè, è rimasto indietro,
solo sette ne restar.
Sette poveri negretti
legna andaron a spaccar:
uno ebbe una perversione,
e sei soli ne restar.
I sei poveri negretti
se ne andaron a defecar:
uno cadde nella tazza,
solo cinque ne restar.
Cinque poveri negretti...
...Insomma raga: muoiono tutti.

Jimmy sorrise e iniziò a prepararsi per la cena.

In seguito la cena stava per terminare. Cibo pessimo, vini che erano acqua sporca. Mitra serviva in modo davvero minaccioso e nessuno osava chiedergli un bis.

Ma tutti erano lo stesso di buon umore. Avevano cominciato a conversare con maggior disinvoltura e in tono più confidenziale.

«Swagrid, ma questo non è quello che mi ha ucciso la famiglia?!» chiese Jerry all'omaccione pieno di Swag indicando maleducatamente il dottor Voldeporc.

«Sì, ma acqua passata. Accadde tutto più di dodici anni fa ormai… Ha commesso un errore e ha pagato, dico bene dottor Voldeporc?» disse Hagrid sorridendo mentre si puliva l'unto della carne dalla barba con il tovagliolo di Collino.

«Lei ha perfettamente ragione, signor Swagrid. Mi permetta di farle formalmente le mie scuse ora che ne ho l'occasione, signor Porker» disse l'elegantissimo dottor Voldeporc.

Jerry annuì anche se pareva disturbato da quella presenza, ma il signor Voldeporc era davvero una brava persona: aiutava i ragazzi dell'oratorio a preparare i loro giochi estivi e dava una mano alla mensa dei poveri quando non esercitava la sua professione di medico. Purtroppo il suo aspetto non pareva molto rassicurante essendo calvo, di pelle bluastra e senza naso per via d'un incidente. Ma in questo libro è davvero una brava persona.

Il professor Stilente si alzò in piedi con la coppa in mano e propose un brindisi: «Direi di alzare un attimo le nostre coppe in onore a Ganjalf che ci ha ospitati nella sua illustrissima dimora!».

«Un momento...» interruppe l'altro mago anziano, «Qui io non c'entro... Ho ricevuto una lettera in cui ero invitato qui da te, amico mio...» rispose Ganjalf stupito.

«Io non ho mandato proprio nessuna lettera...» rispose Stilente voltandosi verso Ganjalf.

«Ne sei sicuro...? Magari con l'età ti sei un po' "perso"...» stuzzicò Ganjalf.

«Ti dico chiaramente che non mi perdo, non si può dire lo stesso sul tuo senso dell'umorismo, eh?» innervosito replicò Stilente.

«Calma, calma. Gentili signori, temo che allora sia falsa anche la mia lettera in cui il mittente dovrebbe essere Jerry Porker, dico bene?» si alzò Voldeporc.

«Dici bene.» freddò secco Jerry.

«Per l'amor del cielo, siamo stati ingannati?!» urlò la professoressa McGranita.

«Calma, raga. Questo significa casa libera: bordello» propose Jerry sorridendo. Tutti stavano per insultarlo, ma Jimmy Whiskey si alzò e propose: «Direi via con le orge stanotte!» e tutti cambiarono idea. Compresi Stilente e Ganjalf che si guardarono tra loro. L'unico non convinto sembrava il professor Severo Pitone che cercava di rimanere impassibile allo sguardo provocante della professoressa McGranita.

Capitolo 11

A caccia di Primatemon!

«Gustav, ho un mal di testa che se ti addormenti ti ammazzo nel sonno» si lamentò Akulmon strofinandosi il cranio con la zampa.

«Era necessario per fuggire...» si giustificò Gustav. I nostri amici stanno andando a Westland, la terra dei fuochi. Si trova a est di Stronzopoli e i nostri coraggiosi avventurieri sono in viaggio da due giorni ormai, alla ricerca di Hermagone, rapita dalla creatura scimmiesca.

«Eccola!» Esclamò Blancomon. Westland sembrava una cittadina americana del periodo del selvaggio west. Piena di case in legno e carri.

«Qui sapranno sicuramente dove potremo trovare Primatemon!» esclamò Ron.

«Già... Ma vi ricordo che ci ha fatto neri con quella sua "canzone del coniglio" che prima di tutto è un assolo di chitarra e secondo non so che cazzo c'entri il coniglio...» disse Den.

«"Ci ha fatto neri"? Te le cerchi le battute per caso?» intervenne Blancomon mentre continuavano a camminare.

«Cosa vorresti dire?!» rispose subito Den.

«Fermi, fermi... Quello che ha detto Den è vero... Ci serve un piano per evitare quell'attacco paralizzante...» interruppe la diatriba Gustav.

«Il suono partiva da quella chitarra» disse giustamente Ron. Tutti per un paio di secondi si stupirono del commento del ragazzo, poiché sensato...

«Dobbiamo fargli sparire quella maledetta chitarra» ribatté allora Gustav interrompendo il silenzio.

«Far sparire qualcosa? Qui c'è qualcuno che sarà di sicuro un mago a farlo!» disse Blancomon indicando con un movimento della testa Den.

«Ti riferisci a me perché sono nero?!» si incazzò Den Tommaso.

«No, no... Figurati...» rispose Blancomon.

«Se voi due collaboraste per fargliela sparire poi io e Gustav potremmo ucciderlo quel figlio di puttana» propose Akulmon.

«Sì, ma ricordati che ci serve vivo per farci dire dove tiene Hermagone» gli frenò l'entusiasmo Gustav.

«Sì, sì…» annuì Akulmon.

Ed eccoli che iniziarono già a camminare per la strada principale di Westland, dalle case scorgevano occhi di strani Gigimon che fissavano gli stranieri. Fuori era praticamente deserta. I nostri eroi si sentirono osservati.

«Potremmo chiedere qui» disse Gustav indicando una taverna in vecchio stile western.

«Sì!» a rispondere per tutti fu Ron, il quale prima di entrare lesse un messaggio: "Tesoro, dove sei? Mi sto seriamente preoccupando" e rispose: "Sono alla taverna, sto bene. Poi ti spiego:)".

Dentro alla taverna c'erano seduti al bancone dei Gigimon loschi che somigliavano a ratti giganti pieni di cicatrici e coi cappelli da cowboy.

«Una servesa por favor!» ordinò diretto Gustav al barista. Il barista era una talpa grande quanto Akulmon con una mascherina da dentista sulla bocca e dei pantaloni da camice clinico azzurri.

«Tieni, asino!» gli sbatté una pinta di birra sul bancone.

«E i tuoi amichetti che fanno? Non si siedono? Fuori dalle balle se non consumate» aveva uno strano accento, sembrava toscano.

Si sedettero e ordinarono tutti (Ron prese un bicchiere di acqua del rubinetto).

«Senti un po', hai mai sentito parlare di un certo "Primatemon"?» chiese Gustav al barista talpa.

«Per prima cosa non mi dici "senti", ho un nome: mi chiamo Emismon» poi proseguì «comunque sì, so chi è e l'ho anche conosciuto di persona.»

Emismon ottenne così la completa attenzione di tutto il locale.

«Era un sabato sera, entra questo e mi grida che vuole una birra con la sua voce potente che ti rimbomba in testa. Così gli ho detto "prima cosa statte calmo, seconda cosa statte calmo, terza cosa vattene affanculo!" e fu allora che lui mi tirò uno schiaffo che a momenti mi ritrovai la testa nel culo, e lì… Sono stato zitto, ho capito chi comanda».

Tutti rimasero sbalorditi da quell'incredibile storia, a interrompere lo stupore fu di nuovo Gustav.

«E dimmi… Sai dove possiamo trovarlo?»

«Non ne ho idea, l'ho visto solo una volta. Prima lo conoscevo per fama, so che è un generale del terribile imperatore A che sta schiavizzando moltissimi Gigimon, 80 e 20 comunque.» finì Emismon.
«Cosa?» chiese Gustav.
«Quello che mi dovete, asini»
«Non abbiamo soldi con noi...»
«Allora andate fuori dai coglioni, morti di fame!» gridò furiosamente Emismon ritirando i boccali di birra.
Uscirono con imbarazzo ma Angelomon avvertì i compagni: «Sta arrivando... Primatemon è qui!», con la sua vista superiore era riuscito a vedere che in cielo c'era una mongolfiera e partì nuovamente la canzone "Matti" di Renato Zero.
«WEILAAAA» gridò Primatemon gettandosi da essa.

Capitolo 12

Solo nove ne restar

A Nigga Island intanto continuava la cena. Jerry e Collino con una scusa erano usciti per qualche minuto dalla stanza per potersi fare qualche foto con i quadri e le opere all'interno della casa. Dopo poco erano rientrati, senza dire a nessuno dove fossero stati.

Stilente stava tornando dal bagno, incrociò Voldeporc alla porta, per poi aggiungersi anche Jimmy (tutta sudata e con il fiatone) con Godo Bagigi.

Appena tutti tornarono a tavola per il dolce, una voce inumana proveniente da un grammofono cominciò a parlare.

La voce accusò invitati e servitù di essere artefici di reati.

«So bene cosa avete fatto, tutti voi… verrete puniti per i vostri peccati» disse l'inquietante voce.

Ronald si inginocchiò e fece il segno della croce, recitando qualche preghiera tutto tremolante e spaventato, mentre Mitra cercava di tirarlo su nel tentativo di calmarlo. Il silenzio angosciante che circolava fu interrotto dopo qualche minuto da una forzata risata di Jerry, che disorientato esclamò:

«Ah ah ah chi ha acceso la radio raga…?»

Nonostante avesse la pelle d'oca e fosse visibilmente in stato di shock si rifiutò di accettare la realtà.

Swagrid notò che quella cena stava prendendo una strana piega, così si alzò per prendere la bottiglia di whisky poiché aveva il bicchiere vuoto.

«So io quel che ci vuole in questi casi! Un po' d'alcol e la serata prende il volo!» disse, prima di riempirsi il bicchiere.

Godo Bagigi ebbe un attimo di smarrimento appena Swagrid si alzò, visto che nel momento esatto in cui l'omone lasciò la tavola, dall'altra parte nessuno prestò attenzione allo strano comportamento di Stilente: egli, infatti, si alzò insieme all'omone, per poi risedersi di nuovo immediatamente, notando che Swagrid l'aveva preceduto. Un gesto senza motivo e senza una spiegazione logica. Nessuno lo notò. Nessuno, tranne Godo Bagigi.

Col suo buonumore Swagrid fece tornare l'allegria in tavola, prese il bicchiere riempito con del disgustoso whisky quasi ammuffito e lo finì tutto d'un sorso.

Appena Jerry provò ad afferrare un pezzo di dolce l'urlo spaventoso di Swagrid rabbrividì tutti. Swagrid si strinse il collo facendo cadere il bicchiere per terra e barcollò per qualche secondo urlando sempre di più.

A quel punto Jerry gridò:

«Raga fermatelo si sta strozzando! Vuole uccidersi!»

Swagrid perse l'equilibrio e cadde sopra la tavola rompendola e smerdando tutta la stanza con gli avanzi.

Gli altri fecero appena in tempo ad allontanarsi che notarono la fine delle urla: l'omone era ormai privo di vita con le mani ancora attaccate al collo.

Tutti si misero in cerchio al cadavere mentre Stilente girava in tondo con le mani posizionate dietro la schiena con un sorriso maligno. Nessuno lo notò. Nessuno tranne Godo Bagigi, che lo fissava mentre tutti gli altri erano impegnati con il cadavere.

Pitone fu il primo a prendere la parola.

«Nessuno beva quel whisky...» disse con estrema calma mentre controllava il cadavere.

Il corpo fu coperto dalla tovaglia della tavola e dopo poco Mitra, il maggiordomo grosso e di colore, prese il corpo di Swagrid e lo portò via trascinandolo senza dire una parola, come se la cosa non lo disturbasse affatto. Portò il cadavere dietro la villa, dove era presente una discarica privata, e afferrando un piede lo lanciò in mezzo agli altri rifiuti, strappandosi la camicia per via dei suoi muscoli.

Esclamò qualche imprecazione usando uno slang inglese da bronx, si tolse la camicia e rimase a petto nudo per l'intera serata.

Successivamente tutti gli ospiti andarono nelle loro camere per dormirci su e rilassarsi.

Capitolo 13

La chitarra

A Gigiland i nostri amici si trovavano di nuovo davanti al Primatemon, pronto a intonare la sua melodia per bloccare i loro movimenti e riacciuffarli di nuovo.

Appena il Primatemon posizionò la sua chitarra, Blancomon e Den si guardarono negli occhi e, dopo un cenno di quest'ultimo, Blancomon tirò fuori una banana rubata alla locanda precedente e la lanciò urlando: «Tranquillo Den, ne ho presa una anche per te».

Den partì come un razzo verso la banana, finché Blancomon non ebbe la brillante idea di tirare fuori una coscia di pollo (Non sappiamo bene dove l'abbia trovata, forse sempre alla locanda). La lanciò prendendo la mira sulla chitarra e riuscì incredibilmente a incastrare la coscia di pollo tra le corde. Den non riuscì più a controllare i suoi istinti, e dopo centesimi di secondi (dentro la sua testa furono ore) prese la sua decisione e cambiò direzione all'ultimo, sorprendendo tutti con uno scatto felino.

Den prese la chitarra al Primatemon mentre questi era intento ad afferrare la banana.

«Brutti bambini di merda!» urlò Primatemon andando su tutte le furie.

«Den devi suonare! Suona la chitarra così lo bloccheremo!» disse Gustav a Den Tommaso.

«Raga io non la so suonare!» rispose Den lanciandola verso i suoi amici.

La chitarra finì nelle mani di Ron che alzò per aria la chitarra e con un durissimo colpo la spaccò in due sbattendola violentemente per terra.

«Ron ma che cazzo fai?!» chiese Gustav, mentre tutti gli altri guardavano il ragazzo stupiti.

«Ho solo distrutto quell'arma del demonio» rispose Ron sorridendo, chiudendo gli occhi ed alzando il mento.

«LA MIA CHITARRA! COME HAI OSATO DISTRUGGERLA!»
urlò su tutte le furie il Primatemon, lanciandosi su di Ron a tutta
velocità.
Angelomon si inserì tra i due respingendo il potente attacco del
Gigimon rivale. Ormai una belva, Primatemon cominciò a tirare dei
pugni talmente veloci che sembravano cento alla volta mentre
Angelomon non faceva altro che incassare.
«Akulmon, dobbiamo intervenire!» disse Gustav cercando di
afferrarlo per lanciarlo contro.
«Fermo coglione, posso farcela da solo» rispose Akulmon,
partendo all'attacco.
Un potente calcio in faccia fermò per un istante Primatemon, il
quale si girò verso Akulmon e gli afferrò la testa stringendogliela
talmente forte da fargli scricchiolare il cranio.
Al rumore della frattura del cranio tutti fecero un rumore di
disgusto e senso.
Nonostante il dolore atroce Akulmon riuscì ad afferrare il suo
coltello e colpì il Primatemon al braccio, facendogli mollare la
presa.
«Oh mio Dio, Akulmon stai bene?!» chiese Gustav guardando la
strana forma che la testa del suo Gigimon aveva preso.
Tutti emisero un altro rumore di disprezzo guardandolo.
«Cosa c'è?! Cosa avete tutti?!» chiese Akulmon disorientato e
rintontito.
«Akulmon… Hai… Hai la testa strana…» Disse Gustav trattenendo
le risate.
«Che cazzo hai detto?! Non devi toccare mia madre che ti spacco il
culo!» rispose Akulmon in evidente stato confusionale, muovendo
il coltellino su e giù contro Gustav.
La frattura alla testa aveva causato, oltre ai problemi mentali, una
deformità anche alla faccia, sembrando quasi un pallone sgonfio.
Il Gigimon si voltò verso Den, sempre col coltello in mano partì
verso di lui.
«Cane maledetto!» urlò barcollando.
«AAHHH UHHH AUU» urlò Den indietreggiando.
Akulmon si fermò ed avendo un attimo di lucidità mentale attaccò
improvvisamente con una coltellata infame Primatemon, facendolo
incazzare di nuovo.

Una spaventosa aurea di potenza circondava il malvagio Gigimon, gli occhi ormai erano all'insù ed il suo corpo cominciò a tremare vistosamente.

«Ha un attacco epilettico! Qualcuno lo aiuti!» urlò Ron con un'espressione molto seria.

Ma quello non era un attacco epilettico.

Primatemon stava subendo qualcosa… Il suo corpo cominciò ad ingrossare, le vene pulsavano ed il corpo mutava.

«Aiutatelo! Perché nessuno fa qualcosa?!» continuò Ron indicando il Gigimon, ma facendosi distrarre subito dopo da un messaggio sul suo cellulare rubato.

Primatemon subì una trasformazione pazzesca: alto come minimo venti metri, la sua bruttezza avrebbe fatto dire a Stilente dieci ellamadonna di seguito, il pelo copriva quasi tutto il corpo tranne quel viso da scimpanzé posseduto.

«Ma che cazzo succede qua?! Come ha fatto?!» Si chiese Gustav.

Akulmon nel frattempo stava correndo in tondo urlando frasi senza senso:

«Quello non è mio, guarda gli occhi stupida puttana»«Quello sta gigievolvendo»«No, Maria, io esco» e così via.

Blancomon si avvicinò a Den:

«Den, io non ti piaccio e tu non mi piaci ma dobbiamo collaborare se vogliamo distruggere quel mostro, va bene?!»

Den fece di sì con la testa e chiese come.

«Ho un colpo segreto, però ho bisogno di tempo per caricare. E servirebbe che tu mi faccia un pompino per incrementare la potenza»

Den guardò il Gigimon con aria strana e, anche se dubitante, si abbassò avvicinandosi.

«Ma che cazzo fai coglione?!» urlò Blancomon allontanandosi dall'amico.

«Santo cielo, amico, l'avresti fatto sul serio?! Mi avresti succhiato il cazzo?! Ti prendevo per il culo coglione» continuò Blancomon.

Furono interrotti dal Gigimon gigante e peloso, che provò a colpirli con un pugno.

Il Gigimon era abbastanza lento così riuscirono a schivare quel colpo, che però colpì la locanda vicino, distruggendo il tetto.

Il proprietario del locale, Emismon, uscì coprendosi la testa ed urlando:

«Ma che diavolo fate, asini! Mi state distruggendo tutto il locale!»

Successivamente rientrò cercando di portare in salvo i calici di birra, ma una volta vista la situazione, si inginocchiò tra le fiamme e il caos in mezzo a quella locanda che con fatica aveva gestito fin da bambino, tramandata di generazione in generazione. Calici distrutti, tavoli spaccati, sedie a pezzi, birra che schizzava da ogni dove e olive fuori dal barattolo ripugnante da dove si trovavano. In silenzio, abbasso la testa su se stesso e pianse, sussurrando a bassa voce tra singhiozzi silenziosi: «Asini… Siete solo degli asini…»

Il mostruoso Gigimon continuava intanto a tirare pugni a vuoto, Gustav capì che quel pelo copriva la visuale provocandogli una mira orribile.

Nel frattempo Blancomon aveva finito di ricaricare di potenza la sua arma segreta e chiese a Den di lanciarlo contro Primatemon.

«Ascoltami bene Den, devi riuscire a lanciarmi contro quel mostro in modo da colpirlo col mio super pugno, ma devi farlo mentre mangi una banana, solo così funzionerà!»

L'ingenuo Den cominciò a mangiarsi la banana e, girando attorno a se stesso, reggendo per un piede il Gigimon, lo lanciò a tutta velocità contro quel gigante malvagio.

Blancomon posizionò in avanti il pugno a piena potenza, sembrava quasi bruciare, Primatemon lo vide solo all'ultimo per via dei peli che gli riducevano la visuale e, con un colpo potentissimo alla tempia, Blancomon lo fece cadere all'indietro sopra la locanda di Emismon, con lui all'interno.

Il gigante cadde privo di forza facendo tremare la terra, e poco dopo ritornò alla sua forma originaria.

Con le ultime forze alzò la testa ma venne colpito al muso dal culo del fucile di Gustav, facendogli perdere conoscenza.

Capitolo 14

Otto

A Nigga Island le cose non andavano meglio. Dopo la tragica morte di Swagrid, che sembrava quasi un suicidio, al mattino un altro fatto spiacevole era successo: la professoressa McGranita era stata assassinata nella sua camera.

La signora era stata ritrovata dal maggiordomo Ronald, la mattina, distesa sul suo letto.

Un urlo alquanto femminile aveva svegliato tutti.

Jerry, spaventato dal grido, si era nascosto sotto il suo letto di corsa, Stilente aveva rischiato un infarto (mettendoci qualche minuto per calmarsi) mentre gli altri erano corsi subito nella stanza della professoressa, trovando il maggiordomo tutto tremolante e rannicchiato in un angolo con i vassoi per terra.

Il maggiordomo più muscoloso, Mitra, si trovava in giardino e all'urlo, senza pensarci due volte, aveva tirato fuori la sua pistola, si era levato la camicia e a petto nudo era corso nella stanza tenendo il braccio teso ed urlando in uno slang inglese incomprensibile.

Il più serio, Pitone, si avvicinò al corpo e dopo poco dedusse che era morta a causa di troppi sonniferi. Godo Bagigi subito infame si avvicinò sospettoso.

«Sentito ragazzi?! Come fa a sapere che è stata colpa dei sonniferi?! Qui c'è qualcosa che mi puzza...» disse Godo agli spettatori.

«Non hai notato la scatola dei sonniferi proprio qui accanto al corpo...?» rispose Pitone, irritato.

«Questo... non vuol dire nulla...» Replicò Godo, ormai spento e ferito nell'orgoglio.

A Mitra fu di nuovo chiesto di portare via il corpo, mentre tutti scesero, ancora scossi, al piano inferiore, dove la colazione era pronta.

Durante il pasto nessuno parlò, ogni partecipante continuava a fissare il loro indiziato, cercando di cogliere dei particolari sfuggiti.

«Bello quel gilet, Godo, ma noto una macchia lì a destra… sangue? ah ah ah» spense il silenzio Jerry.

«È solo ketchup, ieri mi è schizzato per sbaglio… Lei che mi dice signor Stilente, la vedo un po' pensieroso… e anche pallidino» disse Godo, spingendo l'attenzione sul vecchio.

«Credo di non sentirmi bene, stamattina ho sentito un dolore della madonna al cuore, spero non sia nulla di grave… Che mi dice signor Voldeporc, cosa ha fatto ieri sera…?»

«Sono andato a dormire, caro preside, ero molto stanco per via del lungo viaggio… E questo ragazzo con la fotocamera qui, cosa sta fotografando in quest'isola?» chiese Voldeporc a Collino.

«Io sono il ph di Jerry Porker, signore…» Concluse il dibattito Collino.

Il più saggio e vecchio, Ganjalf, propose di perlustrare l'isola in cerca del nascondiglio di qualche pazzo omicida, così Jerry, Collino e Godo, i più giovani, uscirono in perlustrazione.

Dopo qualche giro a vuoto attorno all'isola, Jerry e Godo, che si rincontrarono durante la perlustrazione, fecero partire le frecciatine.

«Dimmi un po', Godo… Perché sei così basso?» Chiese Porker, stuzzicando.

«Dimmi un po' Porker, perché gesticoli come un ritardato quando parli?» replicò Godo.

Jerry fu colpito da queste parole, anche se non lo fece notare. Infatti da quel momento smise di fare qualsiasi gesto con le braccia, limitandosi al parlato.

«Ehi ragazzi, là in fondo c'è qualcosa!» disse poco dopo Jerry attirato da uno strano riflesso.

«Dove?!» chiesero Godo e Collino.

«Laggiù, sopra gli scogli» disse Jerry, muovendo solo il mento.

«Ma dove?! Dove stai guardando?!»

Jerry non voleva gesticolare di nuovo, così fece finta di non aver visto nulla.

«No, niente, mi sarò sbagliato»

Arrivò l'ora di pranzo, alla dimora girava una brutta aria: Ganjalf fumava la sua pipa davanti al camino, Stilente cercava di fare trucchi con le carte cercando di stupire gli altri presenti mentre Pitone leggeva un libro di Doyle.

Sembrava tutto molto tranquillo, ma un altro omicidio stava per avvenire sotto gli occhi di tutti loro.

Capitolo 15

L'interrogatorio

Una luce abbagliante restrinse le pupille di Primatemon. Il Gigimon era ammanettato a una sedia con Gustav che gli puntava il fucile a un metro di distanza, dritto sulla tempia destra.

«Ciao, faccia di cazzo» disse Akulmon passandosi un asciugamano tra le zampe.

«Per colpa tua ho rischiato di rimanere scemo a vita... Angelomon mi ha rimesso in sesto con i suoi poteri... Ma veniamo a noi... Dove cazzo si trova la ragazzina fastidiosa?» domandò Akulmon avvicinandosi a Primatemon.

«NON LA TROVERETE MAI!» rispose Primatemon con il suo vocione, ma di colpo gli arrivò il calcio del fucile di Gustav in fronte facendogli fare un verso di dolore.

«Abbassa quella cazzo di voce!» disse Gustav con aria da duro e uno stuzzicadenti tra i denti.

«Calma, calma... Non vuole dircelo con le buone... Speravo proprio che andasse così...» Disse Akulmon avvicinandosi a un tavolino di metallo con sopra un sacco di strani attrezzi; scelse una pinza, dopodiché si avvicinò a Primatemon che spalancò gli occhi intimoriti. Gustav tappò le vie respiratorie nasali al Gigimon scimpanzé che fu costretto ad aprire la bocca e Akulmon gli prese un molare con la pinza, dopo qualche sforzo riuscì a tirarglielo via. Primatemon lanciò un urlo tremendo che fu sentito anche dietro la porta in cima alle scale in cui si trovavano Ron, Angelomon, Den, Blancomon ed Emismon.

«Asini, ma cosa gli stanno facendo i vostri amici a quel poveraccio nella mia cantina?!» chiese Emismon sconvolto.

«Gustav ed Akulmon hanno detto che volevano parlarci da soli» rispose Ron con un sorriso, l'unico senza un'espressione turbata.

«Te lo ripeto un'altra volta cazzone! Dove si trova quella puttana?!» strigliò Akulmon a Primatemon colpendolo con un'asta di ferro in faccia.

Dopo aver sputato sangue in grande quantità, Primatemon iniziò a parlare.

«La vostra amica si trova in una cella nel palazzo dell'imperatore A...» confessò Primatemon.

«E chi cazzo è questo A?!» chiese ancora Akulmon.

«Lui è un essere umano come voi... Anzi... Forse è proprio uno di voi...»

Gustav puntò il fucile verso Akulmon «Mi dispiace, ma non avresti dovuto saperlo...».

Akulmon guardò sbalordito quello che credeva un amico e rimase immobile.

«Non posso crederci... Tu...» disse con una voce mozzata Akulmon sotto shock.

«Ma va ti sto prendendo per il culo, coglione! Ah ah ah!» ammise Gustav e si mise a ridere pure Primatemon dolorante.

Le risate di Primatemon furono interrotte da un dolore allucinante poiché Akulmon gli aveva strappato la coda con un morso.

«Non c'è un cazzo da ridere! Dicci chi è questo A!» gli ordinò innervosito con la bocca sporca di sangue.

«Come dicevo... A è un essere umano... Biondo, occhi azzurri... Fa parte di una razza che lui definisce superiore e sta inginocchiando Gigiworld al suo volere... si chiama Drago Adolfoy» Disse senza tanti giri di parole Primatemon per evitare di patire ancora come una bestia.

«Adolfoy? Ma è un mio compagno di scuola... Una mezza sega che fa il bullo coi più deboli... Come ha fatto a schiavizzare voi Gigimon?» chiese Gustav incredulo.

«Non è lui il problema di per sé... Ma è giunto a Gigiworld controllando un Gigimon mostruoso che emana un'aura potentissima» disse Primatemon facendo un po' il coglione, ma vide Akulmon che lo guardò male e tornò subito serio.

«Sì, ecco... Grazie a quel mostro ha trovato dei seguaci... I più forti siamo io e altri tre che ci facciamo chiamare i "generali"...

Noi lo aiutiamo con la conquista di questo mondo, catturiamo nuovi schiavi e i vecchi li mandiamo nelle camere segrete da cui esce una sostanza che soffoca i Gigimon...»

«Ma è terribile...» commentò un po' ipocritamente Akulmon.

«Però ci sta» commentò meno ipocritamente Gustav.

«Quando ero ancora nel primo stadio evolutivo della mia vita io ero già vittima di violenza da parte di mio pad-» ZAK! Akulmon accoltellò in testa il Gigimon nemico uccidendolo e ponendo anche fine alla sua agonia.

«Non ci interessa la storia della sua vita...» si giustificò Akulmon, ma Gustav sembrava non averla presa bene: «Ma che cazzo, Akulmon! Ci servivano altre informazioni! Ora ne sappiamo quasi quanto prima! Fatti curare, tu non stai bene di cervello!».

Gustav e Akulmon uscirono dalla porta dove vi erano ad aspettarli gli altri e quando gli chiesero come fosse andato l'interrogatorio li freddarono con un "bene" e li invitarono ad andarsene dall'appartamento di Emismon il più velocemente possibile. Questo insospettì il proprietario di casa che scese in cantina a controllare ma quando risalì i nostri eroi erano già scappati.

«Ma che diamine avete combinato, asini!! Siete solo degli asini...» con un singhiozzo finale commentò Emismon.

Capitolo 16

La disperazione di Jerry Porker

Jerry e Godo erano appena rientrati in casa dopo la perlustrazione, ma, neanche dopo un minuto, Severo Pitone commentò: «Sicuri che avete fatto la perlustrazione come si deve?».
Tutti interruppero quel che stavano facendo in salotto per voltarsi verso i due giovani.
«Certo... Che domande... Ovvio!» Rispose Jerry titubante.
«Eppure... A me non risulta.» esclamò arrogantemente il professore.
Jerry Porker e Godo si guardarono con aria interrogativa, mentre il professore iniziò a camminare intorno a loro, come un avvoltoio, squadrandoli dalla testa ai piedi.
«Prendiamo in considerazione Jerry Porker...» iniziò il professore fermandosi alle spalle dei due.
«La polvere giallastra sui suoi piedi indica che è passato per la baia della spiaggia» proseguì Pitone.
Jerry si guardò le scarpe e alzò lo sguardo con ghignando con uno strano accento del sud: «Oh, raga. Minchia abbiamo Sherlocco Olmès! Ripigliati, zio. Era il nostro compito andare a perlustrare vicino a quella zona! Raga, ma come sta questo?». Pitone si accese la pipa e proseguì a parlare.
«Dovevate andarci questa mattina alle 9.45, separatamente. Sono le 12 e 07, e fino alle 11 circa sulla costa vi è l'alta marea che copre l'intera spiaggia sabbiosa arrivando al promontorio roccioso. Siete rimasti a perdere tempo in giro per la foresta fino almeno a quell'ora. Solo dopo, sempre per cazzeggio, o romanticismo, ditelo voi, siete andati a fare anche una passeggiata sulla spiaggia. La sabbia bagnata, infatti, è rimasta sulle calzature del giovane Porker e in minor parte sui piedi pelosi di Godo Bagigi. Ad avvalorare la tesi che non abbiate preso sul serio questa perlustrazione vi è anche il pacchetto di fazzoletti in camera di Porker...» a questo punto Jerry interruppe il professore tutto agitato «Lei che ci faceva in

camera mia?! Raga non può farlo! Secondo me è l'assassino, raga!». Ma tutti ignorarono Jerry per continuare ad ascoltare il professor Pitone.

«I fazzoletti usati si trovavano sul letto a destra, mentre la scatola si trovava a sinistra. Fino a ieri sera la scatola era come nuova. Potrebbe essere che si sia soffiato il naso, ma è difficile riempire quattro fazzoletti in una mattina senza dare il minimo segno di raffreddore o allergia. Inoltre, perché se il comodino si trova alla destra del letto il pacchetto era sul letto a sinistra, ma i fazzoletti usati a destra? Che avesse la mano destra sporca di qualcosa? Anche l'odore non era certo quello del muco...». Tutti si misero a ridere ma Jerry si mise a gridare: «Questa è una cosa privata!» «Non per me.» rispose Severo.

«E va bene lo ammetto! Ho cazzeggiato tutta la mattina anziché cercare indizi come voi! Ma è colpa di Godo, è lui che mi ha praticamente obbligato a fare i cazzoni in giro per l'isola tutta la mattina!».

Prima che Godo potesse rispondere a Jerry, intervenne Jimmy (la sorella di Ron) con una battutina: «Ti ha anche obbligato a spippettarti questa mattina?» e tutti si misero a ridere fragorosamente. Tranne Pitone.

«C'è poco da ridere, signori...» e l'atmosfera tornò seria, tranne che per Stilente, lui aveva le lacrime agli occhi per aver riso troppo e, nonostante provasse in ogni modo a non ripensarci, come gli tornava in mente il "Jerry segaiolo" faceva uno strano verso di risata trattenuta.

«Avevamo mandato tre persone a perlustrare la zona. Sono tornati solo i due che non hanno fatto il lavoro...» continuò Pitone.

«Ah, già... Collino... Beh tornerà...» commentò Jerry.

«Non credo proprio. Mitra. Per favore.» fece un cenno con la mano Pitone all'enorme maggiordomo di colore. Quest'ultimo uscì un attimo dalla stanza per tornare con un sacco nero che gettò senza molto riguardo nel centro della stanza. Il sacco si aprì da solo per la caduta e dopo qualche istante tutti riconobbero il cadavere di Collino con qualche alga sopra.

Tutti furono sbalorditi, Jerry corse in lacrime a sentire il polso del suo amico.

«L'ho notato questa mattina dal mio balcone che galleggiava a riva, avreste dovuto notarlo anche voi due. Ma invece...»

«NO! COLLINO!! TU ERI IL MIO PH! TI PREGO!» gridava
Jerry disperato al suo compagno defunto.
Mentre tra il silenzio generale e le urla disperate di Jerry si
sentirono di nuovo un paio di volte dei versi di Stilente che non
riusciva ancora a non pensare a quella battuta.

Capitolo 17

Orso Grigliato

Gustav, Den e Ron con i loro rispettivi Gigimon girovagano per il deserto da ore ormai, assetati ed affamati.

«Gustav, sicuro che sia la strada giusta?» Chiese Den, rinsecchito mentre si reggeva su un vecchio bastone trovato per caso, con le labbra gonfie e la pelle dura e secca come un biscotto.

«Certo…» rispose Gustav, mentendo.

Faceva così caldo che i capelli di Den cominciarono a perdere il nero naturale, diventando grigi e costringendolo a togliersi la maglia per coprirsi la testa.

Ron sembrava non soffrire il caldo: nonostante stesse sudando vistosamente, continuava a ridere e giocare con la sabbia. Si era infatti levato le scarpe e, mentre le reggeva in mano, si divertiva a lanciare "palle di sabbia" ai Gigimon.

Ad una certa, Den cominciò ad avere delle strane visioni: egli vide al posto di Blancomon un calippo gigante e provò ad afferrarlo, mancandolo per poco.

«Ma che cazzo fai?! Questo vuole leccarmi raga!» Urlò Blancomon.

Ron scoppiò a ridere e si distese per terra alzando le braccia e divaricando le gambe in modo da creare, a sue parole, un "angelo di sabbia".

Tutto questo mentre Angelomon svolazzava sopra di loro pensando: «Se solo me lo chiedessero, potrei portarli direttamente da Adolfoy…»

Blancomon raccolse Den, ormai semisvenuto, lo schiaffeggiò con forza due volte, poi ci prese gusto e continuò dandogli una decina di sberloni inutili, visto che Den si svegliò già al primo.

«Stammi a sentire, Den! Hai bisogno di liquidi, so che sembra dura ma devi fare come quel famoso avventuriero della tv… devi bere la tua urina…»

Den guardò con aria stupita tutti gli altri attorno a lui e con estrema convinzione rispose:

«WTF man?! Non berrò mai il mio piscio!»

«Guardaci, Den… secondo te perché noi stiamo ancora bene mentre tu stai marcendo?! Noi l'abbiamo fatto, Den… Sei l'unico che ancora non ha bevuto il suo piscio…» Rispose Blancomon, mentendo.

«Cosa?! Gustav? Akulmon? Voi avete bevuto il vostro piscio?!»

«Non solo! Io avevo fame e ho anche mangiato la mia merda!» disse Akulmon, cercando di spingere il povero ragazzo di colore a mangiare le sue feci.

«Non ho fame… Ma se l'avete fatto tutti… credo di potercela fare pure io…» sussurrò Den, con estrema convinzione.

Si spostò dal centro della compagnia, chinò il corpo a 90, si tolse i pantaloni e cominciò a bere, mentre da dietro tutti se la ridevano, un po' schifati.

Una volta finito di urinare sulla sua bocca, Den si alzò allacciandosi i pantaloni e ringraziò tutti per l'aiuto ed il coraggio datogli.

Si rimisero in viaggio, ed appena cinque minuti dopo scovarono un pozzo d'acqua dove tutti si lanciarono a dissetarsi. Tutti, tranne Den.

Den si inginocchiò e si chiese il perché della sua sfortuna, pensando addirittura di aver subito qualche maledizione zingara per colpa di un suo antenato.

I ragazzi si presero una pausa, e mentre Ron era intento a giocare con la sabbia fu abbagliato da una visione magnifica: una piccola fatina si stava rifornendo d'acqua proprio nello stesso pozzo.

«Una fatina! UNA FATINA!» Attirò l'attenzione di tutti l'ingenuo Ron.

«Non è una cosa così speciale… A Gigiworld ci sono Gigimon di tutti i tipi…» disse Akulmon mentre tutti furono abbagliati dalla fatina.

«Fatina, tu sai dove si trova Adolfoy?» Chiese Gustav, abbagliato dalla luce delle sue ali.

«Certo che lo so! Se volete posso portarvi da lui!» rispose la bellissima fatina.

«Grazie di tutto drago delle sfere!» replicò Ron, confuso e accecato.

Akulmon e Blancomon invece assistettero alla scena con enorme disgusto verso quella fatina che li rendeva più brutti del solito al confronto.
La fatina fece strada così verso il temibile nemico.

Capitolo 18

Serata Karaoke

La seconda sera a Nigga Island era in programma la serata karaoke. L'evento rischiava l'annullamento, dopo le tremende morti avvenute durante quest'avventura, ma all'ultimo i due maggiordomi decisero di proseguire seguendo il programma.

Mistra, il maggiordomo di colore grosso e muscoloso spinse lo smidollato Ronald sul palco, creato apposta per l'occasione.

Di seguito, la conversazione avvenuta tra Mitra e Ronald sarà scritta usando il loro slang.

«'Cmon man, wat r u waiting» disse Mitra, spingendo Ronald.

«Kalm Mitra, am nervous 2day»

«Take ur guitar and sing ur song 4 dat people» Ribatté Mitra consegnando la chitarra al buffo Ronald.

Ronald salì due scalini, tremando dall'emozione e girandosi ogni due passi a guardare il suo amico Mitra.

«'Cmon man! Fak dat guitar like a gurl!» urlò Mitra perdendo la pazienza, strappandosi la camicia e mettendo in mostra i suoi muscoli da carcerato.

Ronald si avvicinò al microfono e invitò tutti i presenti ad unirsi allo spettacolo.

«Sta per cominciare… la serata Karaoke…»

I sopravvissuti si radunarono e presero posto.

Stilente e Ganjalf sedettero nei primi posti, davanti a Jerry e Godo, impedendo loro una visuale pulita.

Gangjalf non si tolse neanche il cappello, subendo svariate provocazioni dal fondo. Solo Voldeporc rimase al bar, appoggiato al bancone, guardando lo spettacolo dal fondo e sorseggiando del buon vino.

Il maggiordomo Ronald suonò una canzone messicana usando la chitarra, mentre Mitra passava di fila in fila scrivendo su un foglietto bianco le canzoni che gli altri partecipanti desideravano cantare.

I primi ad esibirsi furono i più anziani, Stilente e Ganjalf, che furono chiamati al microfono da Ronald.

Le luci attorno al palcoscenico si spensero, un imbarazzante silenzio coprì l'intera stanza mentre delle note partirono dalle casse. Partì la musica di Shakira, *Whenever Whenever;* mentre le luci si accesero di colpo, Stilente e Ganjalf erano girati di schiena, l'uno indicando in cielo con il braccio alzato, ed entrambi con un ginocchio piegato verso l'amico.

Appena partì la musica Stilente urlò di fermarsi.

«Fermi! Non ho detto questa!» disse irritato Stilente, correndo verso Mitra, infuriato.

Mitra subito si alzò verso Stilente, facendogli brutto faccia a faccia.

«Wazzap man, hav a problem?!» gridò Mitra, spingendo Stilente con la fronte.

«Amico calmati, ho solo detto che avete sbagliato canzone… non avevamo scelto questa, per favore fate partire quella che vi ho detto…» rispose Stilente alzando le mani e ridendo nervosamente.

Mitra fece un cenno a Ronald, tornando a posto. Le luci si spensero di nuovo, Jerry se la rideva con Godo e Pitone rimaneva impassibile, aspettando il suo turno.

Partirono così le note di *Total Eclipse Of Heart* di Bonnie Tyler, le luci si accesero di nuovo, Ganjalf e Stilente girati ancora nella stessa posizione cominciarono a sculettare a ritmo mentre caricavano le parole.

Ganjalf cominciò a recitare le prime parole:

«Turn around…»

Stilente continuò

«Every now and then i get a little bit lonely and you're never coming round»

Il microfono di Stilente fischiò così forte da rompere il bicchiere di vino di Voldeporc al bar.

Stilente indicava il microfono a Mitra facendo segno di sistemare il difetto, mentre continuava a cantare e ballare per non perdere il ritmo e le parole, ma Mitra si limitò a girarsi dall'altra parte, ignorandolo.

Il problema non era il microfono: Stilente aveva una voce talmente orribile e stonata da trasformare quell'esibizione in una tortura per chi ascoltava.

La sua voce, mischiata al catarro da anziano, stonava tutte le note, sbagliava il ritmo della canzone. La cosa "meno peggiore" probabilmente era quel balletto coordinato con Ganjalf.

A metà canzone il microfono di Stilente continuava ancora a fischiare, così con un gesto, aprendo la mano, chiese con lo sguardo a Ganjalf di scambiare i microfoni al volo, senza interrompere la canzone.

I due anziani se li scambiarono, ma ancora una volta il microfono di Stilente fischiò.

Finì l'esibizione, Stilente scese dal palcoscenico dicendo che per problemi tecnici non era riuscito a dare il massimo, cercando qualsiasi tipo di scuse con gli altri. Ganjalf scese irritato maledicendo l'amico, solo Ronald applaudì i due maghi, ritornando al microfono ed invitando i secondi partecipanti: Jerry e Voldeporc.

Jerry salì sul palco mentre Voldepoc stupito si guardò attorno.

«Fermi tutti, io non mi sono mica iscritto! Chi è stato?!» chiese Voldeporc.

«Ho messo io il tuo nome! Dai frà! Spacchiamo il culo agli altri!» rispose Jerry, già col microfono in mano.

Partì la canzone *Su di noi* di Pupo.

Alle prime note Jerry cominciò un imbarazzante balletto, Breakdance fatta malissimo. Dopo una capriola mezza riuscita si alzò e fece il gesto del lancio della corda a Voldeporc, facendo poi finta di tirarlo.

Voldepoc stette al gioco e, facendo finta di essere legato, con dei saltelli raggiunse il palco.

Partì Porker, guardando negli occhi Voldeporc

«Su di noi, ci avresti scommesso tu? Su di noi, mi vendi un sorriso tu, se lo vuoi, cantare e sognare, sperare così...» cantò Jerry, guardando l'amico negli occhi.

«Su, di noi... gli amici dicevano no, vedrai, è tutto sbagliato!» Continuò Voldeporc guardando Jerry.

I due si avvicinarono, usarono solo un microfono e fecero partire il ritornello:

«SU DI NOI, NEMMENO UNA NUVOLA! SU, DI NOI, L'AMORE È UNA FAVOLA!» e così via insieme.

Finirono la canzone tra lo stupore generale, mentre tutti applaudivano Godo sembrò quasi irritato.

Capitolo 19

L'esercito del dittatore

Gustav, Ron, Den, Akulmon, Blancomon e Angelomon seguirono la fatina per una decina di minuti e Ron sembrava l'unico con un minimo di educazione poiché decise di presentarsi.
«Io sono Ron, e lui è Blancomon» non si sa perché il ragazzo abbia scelto di dire pure il nome del Gigimon di Den, ma il gesto fu comunque cordiale…
«Il mio nome è Dobbymon» Rispose il Gigimon rosa.
«Che nome del cazzo…» Sussurò tra sé e sé Akulmon.
«Tu come sai dove si trovi Adolfoy?» Chiese Gustav.
«L'ho visto che girava nel deserto accompagnato da qualche Gigimon, non dovrebbe essere lontano da qui»
«Qualche Gigimon? È in compagnia lo stronzo» commentò Akulmon.
All'orizzonte si vide sbucare una sagoma davanti al sole che si stava avvicinando ai ragazzi, si fece sempre più grande e distinta finchè Angelomon non disse ai ragazzi: «È lui… E ha il suo esercito».
Drago Adolfoy era a cavallo di un Gigimon che sembrava un leone corazzato come un cavallo da guerra e alle spalle aveva un numero enorme di Gigimon diversi dall'aspetto minaccioso e tutti dotati di armatura in stile medievale. Gli unici non corazzati erano due Gigimon che erano uno a destra di Adolfoy e uno sulla sua sinistra. Erano molto simili tra loro, sembravano due clown, ma avevano anche delle differenze: quello a destra indossava una tuta nera e una maschera bianca con una faccina triste, deducibile dal fatto che gli estremi della bocca fossero rivolti verso il basso. Era armato di due spade nella cintura: una con il simbolo delle picche sull'impugnatura e l'altra con quello dei fiori.
L'altro Gigimon, sulla sinistra, era un clown analogo, ma rosso. La sua maschera era felice con il sorriso e al posto delle spade aveva due pugnali con rispettivamente i simboli dei cuori e dei quadri.

Quando Drago Adolfoy riconobbe i suoi compagni di scuola ghignò: «Ehi, poveri! Cosa ci fate voi qua? Ah ah ah!»
«Ehi, ragazzi io lo conosco! Lui è il mio migliore amico! È Drago! Ciao Drago, che piacere rivederti!» si entusiasmò Ron mettendo in serio imbarazzo tutti.
«Come devo dirtelo, Rossomalpelo?! Noi NON SIAMO AMICI!» si infuriò Drago, ma Ron si mise a ridere credendo che il suo "amico" stesse scherzando.
«Drago! Vuoi spiegarmi che cazzo stai facendo?! Dov'è Ermagone?!» interruppe la conversazione Gustav.
«Vai con calma, messicano di merda. Ermagone è prigioniera al mio castello... È una fortuna che lei sia venuta in questo mondo, almeno avrò una femmina a cui far portare in grembo la mia prole superiore quando sarà il momento. Il mio obiettivo è quello di conquistare Gigiworld per poi invadere il nostro mondo con l'esercito più grande e potente di sempre. Tutti vi inginocchierete dinnanzi al mio nuovo regime e le razze inferiori verranno spazzate via, a cominciare dai rossi!» delirò Adolfoy.
Ron si guardò un ciuffo di capelli ed esclamò «Ehi! Io sono rosso ah ah!».
Gustav disse sconvolto: «Tu non ci stai con la testa» rivolgendosi al suo compagno.
Adolfoy allungo la mano.
«Consegnami quel Gigimon e potrai passare dalla mia parte e avere salva la vita, a differenza di Den e Ron, tu sei ancora salvabile... Consegnami quell'Akulmon e combatterete per me!».
Gustav fissò Akulmon, lo prese per una zampa e lo trascinò verso Adolfoy.
«Che cazzo fai, Gustav?! Ti accoltello se non mi lasci» gridò Akulmon. Gustav si fermò a due metri da Adolfoy e il suo esercito.
«Senti, Adolfoy...» disse a bassa voce Lafav.
«Cosa c'è ora?»
«Perchè non mi succhi un po' il cazzo?» disse Gustav alzando lo sguardo e facendo innervosire Adolfoy.
«Ammazzate questi figli di puttana!» gridò l'imperatore ariano.
Gustav prese un Gigimon simile a una pantegana col suo fucile mentre Akulmon tirò fuori il coltello pronto a combattere e disse «Gustav, hai fatto la stronzata, siamo morti».
«Venite qua e toccatemi!» gridò Dobbymon.

Gustav e Akulmon corsero verso il Gigimon fatina con l'esercito alle spalle che li stava raggiungendo armati.
Tutti i nostri eroi toccarono Dobbymon, mancavano solo Gustav e Akulmon.
«Mega coltellata della morte!» gridò il clown rosso lanciando i suoi due coltelli verso i ragazzi.
Gustav e Akulmon toccarono in tuffo Dobbymon e si creò un'abbagliante luce gialla. Quando essa svanì i nostri eroi erano spariti.
Drago imprecò tirando un pugno sulla testa al Gigimon leone che stava cavalcando.
«Mein Drago. Si calmi. Non hanno scampo. Con loro c'è uno dei nostri.» disse il clown nero che gli era rimasto vicino.
Adolfoy tornò tranquillo e concluse: «Hai ragione, generale Tristemon. Quelle facce di cazzo sono già morte».

Capitolo 20

La filastrocca

In sala vi erano Jerry Porker e Severo Pitone, seduti rispettivamente su due poltrone davanti al camino. Jerry stava controllando le notifiche sullo smartphone, mentre Pitone era seduto in maniera riflessiva davanti al camino fumando la pipa. Essendoci poca connessione, Facebook faticava a caricare, così Jerry decise di intraprendere una conversazione con il professore partendo con un «Weila». Pitone osservò Jerry con aria di superiorità alzando le sopracciglia.

«Le serve qualcosa, Porker?»

«Volevo chiederti, zio. Quando hai dedotto tutte quelle cose su di me, come funziona sta cosa? L'ho vista fare in tv, minchia il delirio ogni volta. C'è, frà… Tanta roba, no?» disse Jerry gesticolando.

«Si tratta solo di mera deduzione unita ad un'accurata osservazione.» rispose pacato il professore accavallando le gambe.

«Ma zio, osservazione, deduzione… Stessa roba…» commentò Jerry facendo innervosire Pitone.

«Perché? Tutt'altro» replicò Pitone sprofondandosi ancor più comodamente nella poltrona mentre dalla sua pipa uscivano dense volute azzurrognole.

«Poniamo un esempio: l'osservazione mi dimostra che lei stamane si è recato al porto mentre la deduzione mi permette di capire che la signorina Whiskey ha un inciucio con Godo Bagigi.»

«È vero…» ammise Jerry un po' imbarazzato.

«Però frà, come lo sai… Hai visto…?»

«La cosa è di una semplicità elementare» replicò il professore ridacchiando del suo stupore.

«È così ridicolmente semplice che ogni spiegazione è superflua. Tuttavia, potrà servire a definire i limiti tra osservazione e deduzione. L'osservazione mi dice che sulla tomaia della sua scarpa c'è una piccola impronta di feci. Proprio di fronte al cancello navale è impossibile non notare la sporcizia mai ripulita che lasciano i cani del capitano ogni volta che sbarca. Non si trovano animali su quest'isola ed escludo un incidente ai servizi visto che quando è uscito aveva le scarpe pulite. Questo per quel che riguarda l'osservazione: il resto è deduzione.» «Come ha fatto a dedurre che Godo se la fa con Jimmy, roba che stai male, zio!»

«Beh, naturalmente sapevo che qui il traghetto passa una volta ogni due settimane, giacché altrimenti saremmo già tornati tutti a casa al sicuro. Vedo pure che lei ha gli occhi rossi e le ciglia bagnate. Per quale motivo, dunque, lei si sarebbe recato al porto se non per piangere come una signorina senza farsi vedere? Impossibile non notare che lei continua a lanciare occhiate furtive alla signorina Whiskey, i morti non l'hanno turbata particolarmente in questi giorni e improvvisamente va a piangere isolato al porto. L'unico modo che la signorina ha per distruggere le speranze di un giovane ossessivo come lei è proprio farsela con qualcun altro, in questo caso Godo è l'opzione più probabile visto che tra i sopravvissuti è il più giovane se escludiamo lei e la signorina Whiskey. Eliminato ogni altro fattore quello che resta deve esser il fattore esatto» Concluse il professor Pitone.

Jerry era davvero sbalordito da ciò che disse il professore. Ma non se la sentì di aggiungere altro per l'imbarazzo.

Nel frattempo Voldeporc andò nel grande bagno di quell'immensa casa per lavarsi le mani; sentì uno strano rumore acquoso e notò guardando nello specchio di fronte a lui che nella cabina del water alle sue spalle la porta era chiusa, ma si intravedevano delle ginocchia femminili coperte da collant poggiate sul pavimento piastrellato e davanti a queste c'erano due piedi grossi e pelosi.

Voldeporc sentì anche la voce femminile «Dai, ho finito, vai via ora che me la sto facendo addosso!». Dal bagno uscì Godo allacciandosi la cintura e quando vide che Voldeporc era lì fuori a lavarsi le mani camminò velocemente fuori dal bagno cercando di non incrociare lo sguardo di Voldeporc che se la ghignava.

Passò un'ora ed era tempo di cenare, erano tutti a tavola. Tranne Jimmy Whiskey.

«Qualcuno ha visto la signorina Whiskey?» chiese il maggiordomo Ronald Sega Seagal.

«Forse Godo l'ha vista…» disse Voldeporc con un sorrisetto.

Jerry guardò in basso e Pitone fissò Jerry in modo un po' stuzzicante.

«No...» rispose Godo arrossendo, «Non la vedo da almeno un'ora ormai... Era in bagno...».

«Quando sono uscito dal bagno lei era ancora dentro...» aggiunse Voldeporc.

Il maggiordomo Ronald allora salì al piano di sopra per bussare al bagno, un po' maleducatamente aprì anche la porta poiché la ragazza non rispondeva: quello che seguì, fu un urlo stridulo da parte del maggiordomo.

Salirono tutti e trovarono Ronald con le mani sulla bocca che guardava sconvolto l'immagine di Jimmy priva di vita ancora seduta sulla tazza con la testa poggiata sul muro.

Dopo qualche istante di scandalo generale, Mitra si tolse la giacca e la camicia rimanendo a torso nudo, dopodiché si avvicinò alla ragazza morta e la prese per i suoi capelli rossi trascinandola fuori dalla stanza facendola strisciare sul pavimento tra il silenzio generale.

Jerry notò che il professor Pitone fu il primo a lasciare il bagno per avviarsi nella stanza di Jimmy a indagare. Jerry era in dubbio se seguire il professore o accusare subito il suo rivale in amore di essere l'assassino e cogliere l'occasione per vendicarsi. Ma concluse che per la seconda il tempo non mancava, così uscì qualche istante dopo e seguì il professore.

Pitone entrò nella stanza della ragazza e, dopo qualche occhiata percettiva ai mobili, la sua attenzione cadde sul comodino dell'appena defunta. Sul comodino c'era il foglio bianco con la filastrocca dei dieci piccoli negretti. Severo Pitone la lesse e subito dopo sospirò con aria delusa.

Pochi secondi dopo entrò nella stanza anche Stilente che prese un cuscino dal letto della ragazza facendosi spazio tra Jerry e Pitone con un "scusate... Permesso" e uscì dalla stanza. Probabilmente aveva messo gli occhi su quel cuscino, a sua vista particolarmente comodo, già dalla prima ispezione della casa.

Capitolo 21

Il tradimento

Una scintilla, rapida e intensa, comparve in mezzo a un terreno roccioso, da essa caddero i nostri eroi di Gigiworld. Caddero tutti in posizioni imbarazzanti, eccetto Angelomon: lui cadde perfettamente in piedi conservando la dignità.

«Cosa è successo? Dove ci troviamo?» chiese Blancomon per primo guardandosi attorno.

«Spostati, coglione» gridò Akulmon a Gustav che gli era caduto col sedere in faccia. Quest'ultimo si alzò, poi Akulmon lo seguì poiché stava schiacciando Dobbymon (un Gigimon a forma di fatina alto mezzo metro).

«Ehi, Dobbymon. Va bene che sei fucsia ma non credevo che fossi pure dell'altra sponda... Hai un erezione che sembra il mio coltello» commentò Akulmon alzandosi. Ma quella non era un'erezione e se ne accorsero tutti: Dobbymon aveva un coltello nell'addome, da cui gocciolava sangue.

«Angelomon, fa qualcosa!» Gridò Ron Whiskey che sembrava, stranamente, aver capito la situazione al volo.

Angelomon non aveva ancora smesso di guardarsi attorno per cercare di capire dove fossero.

«Angelomon! Dobbymon sta molto male! Ha bisogno del tuo aiuto» Gridò nuovamente Ron al suo Gigimon che questa volta lo sentì.

Il Gigimon angelico avvicinò il palmo della mano a Dobbymon e lo investì con una luce viola che causò un'onda d'urto da far balzare indietro i ragazzi.

Dobbymon fu disintegrato.

«Che cazzo fai, Angelomon?!» Chiese Gustav che fu il primo a rialzarsi in piedi.

«Avete idea di dove siamo? Questo è il continente Vespuccia. Siamo dall'altra parte del mondo. Avevo concluso la mia missione di portarvi da Adolfoy, e ora siamo dall'altra parte del mondo gigitale» disse Angelomon con un'aria inquietante.

Delle nuvole oscure e cariche di elettricità annebbiarono il cielo e Gustav puntò il fucile verso Angelomon, Akulmon tirò fuori il coltello dal cappello e Blancomon si strinse i guantoni. Tutti pronti all'eventuale minaccia.

«Che Gigimon di merda» esordì Akulmon.

«Sei dalla parte di Adolfoy, ci hai ingannato per tutto questo tempo... Hai pure il coraggio di farti chiamare "Angelomon?"».

«Il mio nome vero non è Angelomon. Ma Diavomon!» gridò Angelomon (o meglio, Diavomon) venendo colpito da un fulmine e cambiando radicalmente aspetto. Il suo piumaggio angelico bianco divenne completamente nero, il suo scettro dorato divenne un forcone rosso e gli spuntarono due corna nere dall'elmo anch'esso ormai nero.

Nonostante la paura dei nostri eroi, Blancomon non rinunciò a lanciare una frecciatina al suo compagno Den: «Ehi, Den! Guarda caso, diventa cattivo e diventa nero... Non lavorerai anche tu per Adolfoy, vero?».

«Wtf, man?! In 'sto momento mi lanci battutine razziste?!» rispose Den Tommaso al suo Gigimon.

«Ho finto per tutto questo tempo di essere dalla vostra parte, speravo che mi sarei divertito almeno combattendo. Ma il mio partner è stato un vero idiota!» Disse Diavomon soddisfatto.

Ron sembrava sconvolto. Non fissava più il vuoto come al solito, ma il terreno. Rimaneva a testa bassa. Anche se un po' di bava si poteva chiaramente vedere uscire dalla sua bocca e gocciolare sui sassi sottostanti.

«Ehi, Gustav» Disse Akulmon portando una zampa indietro e una avanti.

«Siamo fottuti, eh...» Notò Gustav.

«Mi sei sempre stato sul cazzo» commentò Akulmon prima di correre verso Diavomon.

Quest'ultimo vide il Gigimon dinosauro che era in salto per pugnalarlo al collo, così non contrattaccò, anzi, spostò il collo per farlo colpire meglio, ma il coltello di Akulmon si spezzò contro la pelle indistruttibile di Diavomon.

«Tutto qui?» fu la provocazione di Diavomon, seguita da un colpo con la parte laterale del forcone che rispedì Akulmon a Gustav, il quale nel tentativo di prenderlo al volo cadde di schiena col suo Gigimon.

«Tocca a noi, Den...» Si rassegnò Blancomon.

«Vai tu. Sei tu il Gigimon...» osservò Den Tommaso alzando le mani.

Blancomon provò lo stesso attacco con cui riuscì a mettere KO Primatemon.

«Questa volta un pompino lo accetterei volentieri, potrebbe essere l'ultimo...» Scherzò (forse...) Blancomon prima di partire alla carica.

Il guantone di Blancomon divenne rovente e con un balzò saltò verso il nemico: «Mega Pugno Bianco!».

A Diavomon bastò agitare la mano sinistra che non impugnava il forcone per creare un'onda di energia viola che ferì gravemente il Gigimon di Den facendolo rimbalzare indietro.

Den corse in soccorso al suo Gigimon dall'aspetto di un tenero coniglio bianco.

Blancomon aveva un taglio da cui perdeva sangue su tutto il dorso. «Stai bene, amico?!» gli gridò Den.

«Secondo te... Testa di cazzo...» disse a fatica Blancomon. Diavomon si incamminò verso i ragazzi e disse «Facciamola finita» alzando il forcone al cielo e attirando i fulmini.

Tum! Tum! Gustav sparava proiettili verso Diavomon, ma si polverizzavano prima di raggiungerlo per via della sua aura oscura che lo circondava.

«Gustav, non ci siamo... Questo ci disfa!» disse Akulmon al suo compagno.

«Sicuro che tu non sputi fuoco? Se hai qualche attacco speciale è il momento di tirarlo fuori» Disse Gustav provando a persuadere Akulmon.

«Oh, ma te hai guardato troppa TV... Avevo un coltello e si è rotto, ti ricordo che sono un Gigimon dinosauro, non un drago...».

Gustav, Den, Akulmon e Blancomon si ritrovarono da una parte, Diavomon dall'altra. Il Gigimon traditore ormai era vicino e alzò il forcone al cielo per dare il colpo di grazia.

«Fermati, Angelomon!» Gridò Ron mettendosi a braccia spalancate tra i suoi compagni e il suo ex partner.

«Sei solo un inutile bambino problematico!» rispose il malvagio Diavomon facendo sbattere le sue ali rosse e creando una potente folata di vento che fece rotolare tutti per terra.

«Vi darò un consiglio. Finitela qui e arrendetevi ad Adolfoy. Dirò di avervi eliminati» Disse Diavomon voltandosi dall'altra parte a testa bassa.

«No! tu… non puoi farmi questo…!»

Diavomon si rigirò e vide Ron ancora in piedi, a braccia aperte

«Io non abbandono mai un compagno…» continuò Ron, avanzando verso Diavomon.

«Ron, non fare un altro passo… mi costringi a farti del male»

Ma Ron non ascoltò il consiglio di Diavomon ed avanzò ancora, sorridendo.

Diavomon mosse velocemente la mano da destra a sinistra, lanciando una devastante onda d'urto contro Ron, il quale venne colpito a piena potenza senza difese finendo a terra.

Tutti si allarmarono per Ron, ma incredibilmente si rialzò di nuovo, facendo cenno con la mano ai propri amici di stare fermi.

«RON! SEI SOLO UN PAZZO!» Urlò Diavomon, per la prima volta fuori di sé.

Senza neanche accorgersene, preso dall'ira, Diavomon si ritrovò Ron proprio sotto di lui, a braccia aperte.

«Tu sei mio amico… Non ti lascerò andare!» Urlò Ron, abbracciando forte le gambe di Diavomon.

Gli altri ragazzi rimasero stupiti da gesto di Ron, Diavomon stesso si bloccò per un attimo, incredulo al forte sentimento che quel ragazzo aveva sviluppato per lui.

Questo però non lo fermò. Diavomon afferrò il ragazzo per la testa, lo alzò per aria in modo da avercelo faccia a faccia e urlò:

«TU NON SARAI MAI MIO AMICO»

Dopo queste ultime parole, Diavomon lanciò in aria il giovane ragazzo e alzando l'altro braccio lo colpì con il suo forcone, trafiggendolo in un bagno di sangue per poi alzarlo come un trofeo.

Ron barcollava in aria, sorretto solo dalle terribili forche impregnate del suo sangue, gocciolante. Emetteva solo abominevoli versi, suoni di un'anima che sta per sparire. Il sangue raggiunse lo sguardo malvagio ed incredulo di Diavomon, quasi come dei ricordi ormai dissolti allo stato liquido senza più nessuna utilità e nessun valore che bagnavano i suoi occhi colmi d'ira.

Tutti gli altri erano pietrificati.

Diavomon posò per terra il corpo del ragazzo.

«Andatevene… Dirò di avervi ucciso… sparite!»

Disse Diavomon, prima di prendere il volo verso il cielo a tutta velocità per poi sparire come un puntino tra le nuvole.

Capitolo 22

Il volo della fenice

Ora di pranzo alla villa.

Mentre Jerry e Godo si sfidavano a biglie, il maggiordomo Ronald attraversò il corridoio che porta alla sala dove Ganjalf e Stilente leggevano il giornale sorseggiando del buon caffè.

Il lungo corridoio era formato da bellissime vetrate colorate del '600. Ogni volta che Ronald lo attraversava osservava con rara ammirazione, attraverso quelle vetrate, quella distesa di verde e provava un senso di completezza assoluto.

Improvvisamente però una forma umana in caduta attirò la sua attenzione. Un uomo precipitò dal terzo piano della villa e sbattè violentemente per terra, davanti agli occhi del povero Ronald. Ancora una volta il suo urlo molto femminile che si sentì in tutta la casa spaventò gli ospiti.

Stilente si strinse forte il cuore, un altro urlo colpo del genere avrebbe potuto ucciderlo. Per questo motivo l'anziano preside ritardò e arrivò per ultimo sulla scena dell'incidente, mentre Mitra, l'altro maggiordomo, trascinava per una gamba il corpo ormai senza vita di Voldeporc.

Un'altra vittima. Ormai il cerchio si stringeva, il colpevole era uno dei cinque rimasti: Pitone, Jerry, Godo, Stilente e Ganjalf.

«Qui la faccenda si fa davvero strana...» notò Stilente, dopo l'ennesimo omicidio.

«Raga, qui ci vuole un altro karaoke» disse Jerry, ignorato da tutti.

«Un attimo! Dov'è Pitone?!» chiese Godo agitato e sudato, guardandosi attorno.

Lo Hobbit non pisciava da ben dodici ore. Ormai era sul punto di esplodere, tremava e stava per farsela addosso, così corse in bagno, ma inciampò su qualcosa di morbido.

Jerry scoppiò a ridere, Stilente continuava a massaggiarsi il corpo, mentre Ganjalf fece il serio.

«Cazzo fai Godo, neanche sai camminare! Ehi, ma te la sei fatta addosso?! Ah ah ah ah!» urlò Jerry, scattando delle foto col suo cellulare.
«Taci Porker!» urlò Godo, fermandosi ad osservare la punta del faro dell'isola.
«Ehi! C'è qualcuno là sopra!»
«Non ci casco a questi giochetti, caro Godo» disse Jerry.
Stilente si era per un attimo girato, per poi capire la fregatura, rigirandosi nuovamente verso il mezz'uomo.
Poi però si accorse che Godo aveva ragione.
«Il nano peloso ha ragione… chi è quel'uomo?» disse Stilente.
«È Pitone!» urlò Jerry, confuso.

Capitolo 23

I ribelli

La terra dove era sdraiato Ron continuò a macchiarsi di sangue, il ragazzo era in condizioni terribili.

«Gli serve aiuto!» disse Gustav ai suoi compagni.

«E che cazzo vuoi fare?! È spacciato... Non c'è più Angelomon che con un paio di luci gli fa: "Ron, alzati e cammina"...» disse Akulmon barcollante.

Den diede una rapida occhiata a Ron, ma tra le sue braccia c'era ancora Blancomon con quella ferita sull'addome che non smetteva di sanguinare.

«Resisti figlio di puttana! Non andartene così!» disperò Den verso il suo compagno Gigimon.

«Den...» sussurrò sforzandosi il "tenero" coniglio bianco ormai rosso di sangue.

«Cosa c'è... Non sforzarti...»

«Piangi come una checca...» fu l'ultima battuta di Blancomon prima di chiudere gli occhi. Den scoppiò in lacrime e tirò degli schiaffi al suo Gigimon per farlo riprendere.

Gustav e Akulmon si stavano avvicinando a Ron che non si muoveva minimamente, ma, all'improvviso, una freccia finì vicino alle zampe di Akulmon che strinse i pugni in guardia.

«Che cazzo succede?!» gridò Gustav puntando il suo fucile verso gli alberi da cui sembrava esser partita la freccia.

Da ogni direzione spuntarono Gigimon diversi, c'erano molti androidi di varie forme, numerosi con l'aspetto di un canguro e le zampe di ferro, molti perfino in cielo con le sembianze di aquile e delle canne di fucile sulla schiena e infine si riconoscevano una gran quantità di Fexmon. Ci saranno state centinaia di Gigimon diversi.

Fece un passo avanti un Gigimon con l'aspetto di un grasso maiale su due zampe, la sigaretta in bocca e un cinturone di proiettili. Il maiale puntava una pistola verso Gustav che a sua volta cercava di tenere la mira col fucile.

«Posa quell'arma o ti facciamo saltare le cervella!» gridò il maiale.

«Hai sentito il porco, no? Metti giù quel cazzo di fucile!» dovette insistere Akulmon a bassa voce per convincere Gustav a posarlo.

Gustav non ci mise molto e posò l'arma per terra mentre il maiale riprese a parlare.

«Non mi sarei mai aspettato di trovare da queste parti dei tirapiedi di Adolfoy… Come diavolo ci avete trovato?!» chiese il maiale.

«Aspetta! Noi siamo finiti qui per caso, non siamo dalla parte di Adolfoy, guardaci! Due di noi sono appena stati gravemente feriti da uno scontro con un suo generale!» provò a spiegare Gustav, ma il maiale tolse la sicura alla pistola agitandosi.

«Non ditemi cazzate! Siete esseri umani proprio come lui! Come diamine avreste fatto a raggiungere questo continente?!»

«Non so come spiegarvelo… Stavamo fuggendo e Dobbymon ci ha portato qui…»

«Come…? Dobbymon? Ho sentito bene?» si stupì il maiale.

«No, no… Pompinomon intendevamo!» disse in tono sarcastico Akulmon che perse tutta la sua voglia di scherzare non appena il maiale gli puntò la pistola. Ci pensò Gustav a ricalmare le acque.

«Sì… Dobbymon… Lo conosci…?»

«Dobbymon è il mio migliore amico… Se è vero che lui vi ha portati qui dov'è ora?!»

«Azz…» sospirò Gustav scambiandosi un'occhiata con Akulmon.

«Come?!»

«Nel senso… Potrebbe essere che non ci sia più…»

«Che cazzo gli è successo?!» Si infuriò il Gigimon maiale.

«Niente, niente… Semplicemente è tornato nell'altro continente perché doveva sbrigare delle faccende… Com'è che ti chiami?» Intervenne Akulmon.

«Maialomon»

«Ah sì! Maialomon! Ecco chi è! Ci ha detto che ci ha portato qui perché anche noi siamo contro Adolfoy, proprio come te… Ha detto anche di non preoccuparti che appena sistema una faccenda passa a trovarti…» inventò Akulmon.

«Quindi siete dalla nostra parte… Noi siamo i ribelli, stiamo programmando di attaccare Adolfoy e il suo esercito… Ma sono troppo potenti per noi, per questo abbiamo fatto un accampamento in questo continente per allenarci e tornare da lui armati a riprenderci Gigiworld».

Ron tossì sangue, era ancora vivo. Den, che era rimasto tutto il tempo a guardare la scena con Blancomon tra le braccia decise di farsi avanti:

«Vi prego, abbiamo due nostri amici in condizioni gravissime per colpa di un generale di Adolfoy... Potreste aiutarci?» chiese il ragazzo di colore.

«Ehi, Canguromon, aiutate questi disgraziati e portiamoli nella nostra base!».

Ron e Blancomon furono caricati dai Gigimon dall'aspetto di canguri su delle barelle e portati avanti; Gustav, Akulmon e Den, invece seguirono la truppa ribelle a piedi, per qualche centinaio di metri, finché giunsero davanti a un grandissimo accampamento di tende in cui i Gigimon abitanti di quella zona li guardarono male per tutto il tempo.

Capitolo 24

L'ultimo saluto

Godo era ancora a terra con la gamba dolorante, Stilente e Ganjalf erano troppo anziani per procedere fino al faro così si incamminarono incaricando Jerry di correre a controllare.

Jerry si fece vedere dai due anziani mentre scattò verso il sentiero del faro, ma, come fu fuori dalla loro portata visiva, si mise a camminare con una mano sulla milza. Dopo qualche minuto raggiunse il faro e vide che sulla cima vi era Severo Pitone con il sole alle spalle e il mantello che svolazzava.

Pitone fissava il basso e vide Jerry.

«Zio, ma che cazzo fai?! Scendi che ti spacchi tutto!» urlò Jerry.

Pitone non riusciva a sentirlo. Così Jerry decise di chiamarlo sul cellulare con l'addebito.

Il professore tirò fuori dalla tasca il cellulare e rispose.

«Frà, ma che minchia succede?!»

«Ti devo delle scuse…» fu la prima risposta di Severo Pitone.

«Accettate» rispose Jerry fingendo di sapere a cosa si riferisse il suo professore.

«Sai, Jerry. Io ho conosciuto bene tua madre…»

«E io la sua!» rispose di impulso Jerry sentendosi attaccato.

«…Sul serio… Tempo fa, io e lei eravamo molto legati. Quando sei nato tu, nonostante non fossi mio figlio, ho giurato a me stesso che ti avrei protetto fino alla morte. Ho sbagliato tutto… Credevo che sarei riuscito a trovare il colpevole, ma mi sbagliavo. Lascia che io mi levi la vita per non doverti vedere morire…» disse Pitone mentre gli scendeva una lacrima dal viso.

«Frà, aspetta… Non si butti, professore! Se mi ammazzano cosa penserà mia madre di lei?! Eh? Per favore, non faccia stronzate!» urlò Jerry molto egoisticamente perché temeva per la sua incolumità.

«Hai gli occhi di tua madre... Addio, Jerry.» furono le ultime parole di Pitone prima di gettare per terra il telefono e lanciarsi nel vuoto.

Pitone cadde dalla cima del faro e si schiantò contro l'asfalto.

Jerry si precipitò verso Pitone ma all'improvviso venne travolto da Stilente che stava correndo pure lui per raggiungerli, e al momento dell'impatto con Jerry rilasciò un "Azz!".

Il giovano mago si rialzò, nemmeno ricambiò lo sguardo di Stilente ancora a terra che corse nuovamente verso Pitone.

Ganjalf raggiunse Stilente e lo aiutò a rialzarsi, Jerry raggiunse invece Pitone che era a pancia in giù con la testa fracassata in una pozza di sangue. Lo girò ma il volto era completamente distrutto, con occhi che cadevano, e si intravedeva il cervello da delle fessure sulla fronte.

Stilente e Ganjalf erano rimasti dietro a fissare la scena, Jerry scoppiò invece a piangere con la testa sul petto di Pitone.

Poco dopo, Jerry sentì il corpo sotto il suo viso spostarsi: era Mitra che stava iniziando a trascinare il cadavere via da lì, lasciando lungo il sentiero pezzettini di cervella e strisce di sangue.

Jerry si rialzò. Tirò fuori la bacchetta e la puntò su Ganjalf.

«A questo punto, raga, qua i pazzi siete o tu o Godo. Professore si sposti da lì che lo spacco tutto.»

Capitolo 25

Saga contro sega

Tutti rimasero di stucco dal gesto di Jerry.

Stilente era ancora appoggiato a Ganjalf, improvvisamente lo spinse di prepotenza, facendolo cadere dall'altra parte, e si posizionò accanto a Jerry.

A quel punto Godo non riuscì più a contenersi, partì verso Jerry, con un salto della madonna afferrò la testa con le cosce e cominciò a tirare una raffica pazzesca di pugni sulla testa del povero maghetto.

«Ti piace così, Porker?! Eh, testina di cazzo?! Lurido pezzo informe di materia inorganica anfibia comunemente detto merda!»

Jerry non riusciva a rispondere, l'unica cosa che era in grado di emettere erano dei suoni orribili di sofferenza, finché non arrivò Stilente che, unendo le mani, alzò le braccia e colpì con tutta la sua forza la schiena di Godo facendolo cadere per terra dolorante.

«Autobus, che diavolo stai facendo?! Non siamo noi i resp-» Ganjalf non riuscì a finire la frase che Stilente lo colpì con un potente calcio in faccia, ma fu subito assalito da Godo, che nuovamente saltò sulla sua schiena tenendolo fermo, mentre Ganjalf col suo bastone lo colpì al petto. Jerry saltò a bomba verso tutti, e il gruppo si sciolse dolorosamente a terra.

Ad un certo punto Stilente tirò fuori la sua bacchetta (quella magica, cosa avete capito?!), però Godo e Ganjalf si stavano ormai allontanando verso il labirinto all'interno del giardino della residenza.

«Zio ci sono scappati! Ma ho un'idea» Disse Jerry a Stilente.

L'ingenuo studente pensò bene di usare l'entrata contraria, in modo da fermarli al centro.

Al primo bivio i due si erano già persi.

«Zio per di là siamo entrati, segui me che sono più giovane e ci vedo meglio».

«Non credo proprio, signor Porker... Dobbiamo andare da questa parte, fidati» risposte Stilente, nervosamente.

«Ho un'idea, dividiamoci» rispose Jerry.

«Ma come facciamo a ritrovarci, una volta scovati quei due?» Chiese Stilente, perplesso.

«Mi faccia un fischio e io la raggiungerò senza problemi» replicò Jerry, partendo a razzo.

Stilente si guardò attorno disorientato, accarezzandosi la barba.

Nel frattempo Godo e Ganjalf girovagavano nel labirinto cespuglioso in cerca della via d'uscita, fumando strane sostanze provenienti dai tasconi di Ganjalf.

Dopo venti minuti di camminata il sole stava calando e Jerry cominciò a cagarsi addosso. Ad ogni rumore si voltava di scatto e lanciava un incantesimo a caso, seguito da parole provocanti come "TI HO BECCATO, COGLIONE", "ECCOLO LÌ IL PEZZO DI MERDA" e altre oscenità sporche e volgari che è meglio non riportare.

Ad un certo punto, mentre correva via dopo aver sentito un rumore sospetto e inquietante dietro di sé, si scontrò con uno strano ragazzo.

«FERMO LÌ ZIO O TI AMMAZZO» Urlò Jerry, tremando.

«No ti prego, non farmi nulla! Sto scappando da un essere mostruoso che vuole uccidermi!» Disse il ragazzo.

«Zio ma io ti ho già visto...» Chiese Jerry, cercando di riconoscere quel tizio.

«Non so chi tu sia, mi dispiace...» rispose il ragazzo, per poi presentarsi:

«Io sono Edoardo Cedrico, piacere di conoscerti... possiamo darci una mano a vicenda e uscire sani e salvi da qui!»

«Oh... Io sono Porker... Jerry Porker...Certo frà, prima spariamoci un selfie però...» Rispose Jerry, capendo benissimo di chi si trattasse.

Edoardo infatti era un vampiro iscritto a LasHogwarts all'ultimo anno, nonché il ragazzo più famoso della scuola, un vero vippone.

Per questo motivo Jerry chiese il selfie, nella speranza di ottenere nuovi mi piace e richieste d'amicizia (che avrebbe rifiutato per farsi dei seguaci).

Una volta caricato il selfie i due si avviarono a caso seguendo una via e conversando, stringendo una solida amicizia che però non sarebbe durata.

Capitolo 26

L'Edoardo, il Jerry e il cattivo

Jerry ed Edoardo camminarono per almeno una mezz'ora senza risultati e la nebbia ormai era scesa nel labirinto.

Ridendo e scherzando sembravano proprio inseparabili.

«Perché vuoi uccidere questi due… Ganjalf e Godo?» Chiese Edoardo.

«Beh, frà… Credo che uno dei due, almeno, abbia ammazzato un po' di gente» rispose Jerry gesticolando da ragazzo di strada.

«Credi? E se per caso fossero innocenti? O magari uno è colpevole e tu ammazzi l'innocente?».

Jerry si mise a ridere e mise una mano sulla spalla al suo nuovo amico.

«Uno di loro due è una testa di cazzo, zio… Quello merita solo schiaffi… L'altro, beh… Nel peggiore dei casi fidati che alla sua età non gli sarebbe rimasto ancora molto da vivere… Cioè… La scimmia… Hai capito, dai…» e Jerry si mise a fare il verso della scimmia, imitandola pure nelle movenze, senza un'apparente ragione.

Ad un certo punto, si ritrovarono davanti a un incrocio, Edoardo si chinò ad allacciarsi una scarpa e Jerry notò che nella strada di destra un'ombra si era mossa.

Jerry si voltò subito verso Edoardo e si accorse che il ragazzo non aveva visto nulla.

«Facciamo così, frà. Io vado a sinistra, tu a destra… Se vedi qualcuno inizia a spaccarlo e chiamami… Ti raggiungerò subito…»

I ragazzi si separarono, dopo neanche dieci secondi Jerry sentì un urlo straziante di dolore proveniente dalla parte di Edoardo.

Corse in suo aiuto con la bacchetta in mano per colpire alle spalle il suo aggressore, ma quando arrivò ci fu solo uno spettacolo drammatico.

Edoardo era per terra, senza vita, con gli occhi spalancati e il corpo rigido.

Jerry scoppiò in lacrime sul volto del ragazzo. Si avvicinò sempre di più ripetendogli: "non puoi lasciarmi!".
Jerry guardò gli occhi del suo amico ormai spenti e spostò lo sguardo sulla bocca del ragazzo. Molto lentamente avvicinò la sua di bocca e, quando ormai le labbra si stavano sfiorando, sentì una voce alle sue spalle.
«Ma che cazzo fai frocio?!» si scandalizzò Godo.
Jerry si girò e vide che dietro di lui c'era Godo, il quale gli tirò un pugno in faccia che gli ruppe la lente di un occhiale.
«Poi cosa avresti voluto fare? Succhiargli il cazzo pure? Frocio necrofilo!». Godo si avvinghiò nuovamente a Jerry continuando a sferrargli pugni e morsi. Jerry però riuscì ad alzarsi e tirò fuori la bacchetta. Godo si dimenava e i suoi pantaloni larghi si abbassarono fino a lasciar intravedere la riga del sedere. Fu allora che Jerry, pieno di adrenalina, gli infilò la bacchetta nel buco del culo gridandogli «Adesso chi è il frocio?!».
Godo emanò un urlo della madonna che lo sentirono per tutta l'isola.
I due si staccarono e poco prima Jerry riuscì a tirare fuori la sua bacchetta dall'ano del ragazzo (LOL). Dopodiché, Jerry la puntò verso lo Hobbit e iniziò a lanciargli contro incantesimi.
«Expellianus!» fu il primo incantesimo di Jerry agitando la bacchetta.
Godo si scansò e iniziò a insultare Jerry:
«Devi usare la magia perché a botte sai che le prendi eh? CONIGLIO!»
«Expellianus!»
Questa volta Jerry colpì Godo buttandolo al tappeto e riducendolo proprio male, pieno di graffi che probabilmente a breve si sarebbero infettati visto lo schifo di terreno in cui stavano combattendo.
«Sei morto, zio! Avada-» l'incantesimo di Jerry fu interrotto da un lampo giallo che spinse via il giovane mago.
«Nessuno muore finché non lo dico io!».
Era Ganjalf, bello, forte, scultoreo, brillante e deciso più che mai a salvare il suo amico Hobbit.

Capitolo 27

Scazzottata notturna

Jerry si rialzò a fatica dopo l'impatto con un cespuglio; Godo e Ganjalf stavano di fronte, pronti a combattere.

«Non mi hai fatto nulla, zio» Disse, ripulendosi dal sangue sul viso e aggiustandosi gli occhiali.

Godo partì verso di lui, ma Jerry alzò la mano, lasciandolo senza parole.

«Siete proprio delle merde. Attaccate un ragazzo in due e per di più mentre pulisce gli occhiali...» Disse Jerry, cercando di prendere tempo.

«Ha ragione, Godo... Aspetteremo Stilente...» Disse Ganjalf, il saggio.

Da dietro il cespuglio si sentì un "AZZ".

Stilente era proprio dietro l'angolo, nascosto, mentre Jerry subiva.

A quel punto uscì allo scoperto fingendo di aver corso, stringendosi la milza e chinandosi a respirare a fatica.

Ganjalf, da vecchio amico, si avvicinò all'anziano, quando "PEM", una testata della madonna di Stilente lo colpì in pieno muso, facendolo volare all'indietro, tra gli schizzi di sangue.

Godo non ci vide più e si chinò a raccogliere il sasso più vicino, ma appena lo fece, Jerry lanciò il suo miglior incantesimo un'altra volta.

«Expellianus!»

«Tu pensa a Jerry, io mi occupo di Autobus» Disse Ganjalf, prima di subire di nuovo un colpo dietro le spalle dall'amico.

Ganjalf ormai barcollava, sembrava quasi cedere, mentre Godo si stava riprendendo dall'incantesimo.

I due vecchi si guardarono, e con uno scatto l'uno verso l'altro raccoglievano tutte le loro forze su un pugno solo, ma a metà strada Stilente inciampò sulla vestaglia e perse l'equilibrio, colpendo involontariamente con una testata Ganjalf in pieno petto.

Incredibilmente, riuscì a restare in piedi, mentre Ganjalf cadde per terra dolorante. Sembrava avere qualche costola incrinata, il volto era devastato e la sua pipa si era rotta nello scontro.

Jerry si mise a ridere e preparò il cellulare per filmare la rissa tra vecchi, mentre Godo stringeva i pugni.

«Fatti sotto, Porker!» Urlò Godo.

«Zio quando vuoi, a LasHogwarts siamo abituati a fare risse!»

Appena finì la frase Jerry prese un pugno alla tempia da Godo, facendo volare altro sangue.

Jerry si fece forza e rispose con un altro pugno, sfiorando però il mento di Godo che, con dei riflessi felini, gli morse la mano.

«Ahia! Ma che cazzo fai morto di fame!» urlò Jerry, dolorante.

I due vecchi non avevano più energie, a fatica alzavano il braccio per colpire l'altro, mentre i due ragazzi se le davano di santa ragione.

Ad una certa si ritrovarono a petto nudo, Jerry aveva delle tettine flaccide mentre Godo era tutto peloso.

Nel bel mezzo della notte una vera e propria rissa stava avvenendo nel giardino della villa. Ad una certa, Godo e Ganjalf si nascosero dietro ad un masso, lo stesso fecero anche Jerry e Stilente.

Mentre i vecchi riprendevano fiato, Jerry lanciava incantesimi e Godo raccoglieva sassi per lanciarli con tutta la sua forza, cercando di colpire il nemico.

Un uomo si trovava fuori dall'edificio, spaventato ascoltava gli spaventosi rumori provenienti dal labirinto.

Quell'uomo era Ronald, il maggiordomo.

«Questo è il demonio» pensò tra sé e sé, rientrando a casa.

Nulla sembrava porre fine alla rissa, almeno per ora.

Capitolo 28

Dieci anni dopo

Nel deserto del Gigiworld, il sole batteva forte. L'orizzonte era come un miraggio in lontananza e la sabbia, con i suoi granuli dorati, creava una fitta nebbiolina che si levava dalle dune, queste ultime solcate dalle onde create dal vento. C'era qualcuno, appollaiato su uno dei rialzamenti, che giocherellava con una lattina vuota. Quel cilindro di latta, appartenente a un mondo e un tempo ormai troppo lontani dal presente, passava da una mano all'altra della persona che, a un certo punto, la lanciò per aria, seguendo la sua orbita quasi perfetta con lo sguardo. Un ciuffo della cresta gli cadde sugli occhi, che lui sbuffò via seccato. La lattina era affondata in mezzo a due dune, in una valle di sabbia, e lì sarebbe rimasta, per chissà quanto ancora. Il ragazzo, gli occhi di colore diverso che risplendevano sotto il sole del deserto, portò due dita alla bocca e soffiò, creando un sonoro fischio. L'eco di questo si propagò per tutta la distesa, generando un tremolio nell'aria, come se quell'intrusione avesse risvegliato la natura. Una delle dune, più dell'altra, sembrava fosse stata colpita da quel suono, iniziando a tremare e a scuotersi. D'un tratto, da quel cumulo dorato, sbucò la testa arancione di un rettile di enormi dimensioni, gli occhi gialli e l'espressione seccata. Il corpo tozzo e bitorzoluto seguì la testa ed una lunga coda rugosa chiuse il cerchio, strisciando sulla sabbia appesantita. Akulmon spolverò per bene la spada che teneva salda tra le zampe. Gli fece un cenno secco con il capo e attese che il ragazzo lo raggiungesse. Questi, messosi in piedi, legò sulla fronte una fascia rosso scarlatto, umida di sudore, e lasciò che i lunghi capelli gli ricadessero sulla nuca, la cresta sul capo scarsamente rasata. Akulmon lo chiamò a gran voce, inveendo contro la sua lentezza e tuonando il suo nome, Gustav, sputando a terra e bestemmiando. Il torso imbrunito di Gustav lasciava intravedere i segni delle lotte, che rilucevano sotto il sole. Scivolò per la duna

sulla quale era appollaiato, piombando al fianco del suo Gigimon.
Gli salì in groppa e disse, con voce roca: "conosci la strada".
I due galopparono con ferocia verso la loro meta, Akulmon che
richiamava Gustav per non farsi strattonare troppo. L'altezza di
Akulmon, nei dieci anni passati, era aumentata parecchio, anche se
non quanto quella del suo padrone umano, che aveva modellato il
suo corpo per eguagliare la statura gargantuesca. La spada,
attaccata ad una cintola che Akulmon aveva attorno ai fianchi,
sbatacchiava rumorosamente con l'andamento della corsa,
risaltando i graffi a mo' di decorazioni del fodero. Il vento caldo
sferzava le guance di Gustav, quelle guance scavate e brune, i cui
zigomi sembravano quasi taglienti. Le labbra secche e screpolate si
incurvarono in un sorriso beffardo, come se il ragazzo, pregustando
ciò che li attendeva alla meta, fosse stato scosso da un brivido di
eccitazione. La corsa era tranquilla, ma ciò non distolse Gustav dal
guardarsi intorno, aspettandosi un'imboscata da un momento
all'altro. Anche Akulmon era guardingo, sfoderando gli artigli
color carbone e fendendo l'aria davanti a lui, come pronto a
combattere. I due, senza nemmeno parlarsi, si intendevano al volo,
avendo passato dieci anni a nascondersi e a combattere contro
Adolfoy, il sovrano illegittimo dei Gigimon. Tempo fa, però,
Gustav e i suoi compagni avevano raggiunto una terra che
sembrava essere sconosciuta ad Adolfoy e alle sue truppe, un luogo
che sembrava non essere popolato da anima viva, tranne che da
sabbia sterminata e miraggi all'orizzonte. L'avevano ribattezzata
Vespuccia e avevano deciso che quello sarebbe stata il loro
territorio, su cui far crescere una nuova stirpe di Gigimon, più forti
di quelli assuefatti dal potere e dalla forza delle parole velenose di
Adolfoy. Ma si sbagliavano. Scoprirono ben presto, in una notte
senza stelle e gelata dalle basse temperature del deserto, che alcuni
Gigimon indigeni vivevano lì in realtà, e non tutti erano convinti
che avere dei ribelli fosse una buona idea. Così le lotte tra Gustav, i
ribelli e gli indigeni continuavano qualora se ne presentasse
l'occasione, terminando con la sconfitta degli sprovveduti indigeni
che, promessa una parte di Zermania, si unirono al ragazzo
messicano dagli occhi di due colori. La terra di Zermania, la terra
fertile su cui Adolfoy aveva costruito il suo impero e schiavizzato
quasi tutti i Gigimon lì residenti, era verde e rigogliosa, ricca di
fonti di acqua purissima e bestie da cui ricavare nutrimento e
trasporti. I ribelli dovevano accontentarsi delle scorte che gli

esploratori, ovvero tutti quei Gigimon di piccola taglia e veloci, riuscivano a trafugare dagli accampamenti nemici. Vespuccia nascondeva, però, nelle viscere della terra, un'inesauribile scorta di polvere esplosiva che i Tassomon, Gigimon scavatori e stakanovisti, trovavano prontamente nelle loro interminabili esplorazioni del sottosuolo e che esportavano verso l'esterno. Da lì, i pochi uomini presenti e Gigimon di varie forme assemblavano e costruivano armi che li avrebbero accompagnati nella loro lotta per la liberazione del Gigiworld. I Fexmon, ottimi nel combattimento corpo a corpo e dotati di una forza pari a quella di dieci catapulte, riuscivano a lanciare le palle di latta riempite di polvere esplosiva sulle schiere nemiche, riducendoli a brandelli. Attraversarono una serie di cactus dalle forme contorte, rese ancor più sinistre dal sole che ne oscurava le fattezze. Gustav ebbe quasi paura, ma non lo disse ad Akulmon che, forse sentendo il tremolio alle gambe di Gustav, ridacchiò sonoramente. I due si fermarono per rifocillarsi con dell'acqua e delle radici che avevano portato con sé dal campo. Akulmon masticava stancamente il suo pasto, annaffiandolo cautamente con l'acqua grigiastra a cui erano destinati, l'unica che riuscivano a trovare dai corsi sotterranei. Disse con freddezza, quasi laconico, che sperava che quella guerra finisse presto. Se lo dicevano ormai da dieci anni e all'inizio ci credevano, ma più il tempo passava e più sembrava che le truppe di Adolfoy crescessero, a discapito dei ribelli, che pian piano si riducevano. C'era sempre qualcuno nuovo, nei vari vagabondaggi di Gustav e Akulmon e nelle guerriglie contro gli indigeni, che si univa alla banda. Ma quanti dovevano reclutarne per bilanciare quelli che perdevano nelle battaglie? Akulmon gli chiese che cosa ci fosse andato a fare su quella duna, poco prima. Gustav si schiarì la gola e disse, distrattamente, che ci era andato per pensare. In realtà aveva sgraffignato una delle lattine di soda che usavano dopo ogni battaglia vinta per festeggiare, ma non aveva intenzione di condividerla con nessuno, quel giorno, nemmeno con Akulmon. Ruttò sonoramente, sputando a terra il resto della radice che gli toccava e intimò ad Akulmon di proseguire, prima che facesse buio. Si rimise in groppa e partirono, il morale che si abbassava proprio come il sole dietro le dune.

Il campo dei ribelli era nascosto sotto una duna dall'aspetto quasi naturale, se non fosse stato per il portone di legna dura che ne vietava l'accesso. Di solito, il ponte veniva nascosto da un telo color sabbia, mimetico. Dovevano cambiare nascondiglio quasi ogni mese, per non venir intercettati. I lavori sulle armi venivano fatti all'esterno, ma solo se l'aria era così densa di sabbia da poter coprire il fumo delle fornaci. Akulmon bussò contro il telo, prima una volta. Attese due secondi esatti e bussò due volte. Altri due secondi e di nuovo tre colpi. Andò avanti così, finché non raggiunse i cinque colpi. Il portone si aprì piano e due braccia enormi li trascinarono dentro, sbattendoli a terra. Gustav e Akulmon non ci badarono, come lasciarono che i due Fexmon li ispezionassero per bene, prima di dar loro un caldo benvenuto. Venne loro chiesto se avessero trovato qualche oasi, ma il diniego dei due gettò sconforto in uno dei Fexmon, che batté un pugno contro il muro di roccia che faceva da quartiere generale. A quello scossone, un ragazzone della stessa età di Gustav (avevano superato la ventina da un bel po') li fissò per un minuto, con un rivolo di bava che sbucava dall'angolo destro della bocca. Gli occhi neri e annebbiati spiccavano in quel faccione tondo, pari al pancione che lo accompagnava in basso. I pochi capelli rossi, radi sulla testa, restavano appiccicati ai lati delle guancione sudate. Gustav esclamò il suo nome con sollievo, vedendo che l'amico gli veniva incontro con del pane. Ron, ancora trasognato, passò le due rosette agli stanchi viaggiatori e dell'infuso di erbe che aveva preparato lui stesso, dallo strano colorito giallo pallido. Gustav mandò giù tutto d'un fiato, mentre Akulmon lasciò perdere e si diresse verso le tende degli altri. Qui i Gigimon ribelli stavano riposandosi dalla calura desertica, che ne aveva fatti svenire dieci quella mattina. Un coniglio bianco, anche lui segnato da una cicatrice sul petto che lo attraversava da parte a parte, stava prendendo a pugni un sacco di tela malmesso, mentre una seconda persona stava supina ai suoi piedi, prendendosi gioco delle sue scarse capacità di boxer. "Den", fece Gustav accompagnando il nome con un cenno del capo. Il ragazzo di colore, calvo e dalle braccia nerborute, lo salutò con la mano, mentre il coniglio bianco bestemmiò in direzione di Akulmon che ricambiò con un "Bella Blancomon". Non c'erano donne nell'accampamento: le uniche che erano state con loro, erano ancora prigioniere di Adolfoy e chissà che non ne stesse approfittando da ormai dieci anni. Il pensiero di Adolfoy che metteva le mani sulla tanto agognata Ermagone, faceva ribollire il sangue di Gustav, tanto da fargli perdere il controllo e doversi far trattenere dai suoi compagni. I due viaggiatori si misero a sedere

accanto a Den, raggiunti poi da Ron e dal suo nuovo Gigimon. Era una rana di dimensioni considerevoli, quasi quanto quelle del suo padrone, con il pancione verde e flaccido e la pelle viscida, il cui punto forte era quello di emanare un gas altamente tossico da sei buchi che nascondeva sotto la membrana esterna. Un solo getto di quello avrebbe potuto mettere a tappeto più della metà dei nemici, ma Ronald non voleva che il suo Gigimon combattesse e nessuno poteva obiettare. Blancomon chiese ai due se avessero trovato qualcosa, sistemandosi la benda sull'occhio destro, ma questi risposero che oltre le venti miglia si estendeva solo deserto. Blancomon sputò e chiese che fosse Den l'unico a lavorare in quel caldo, essendoci abituato. Questi si alzò in piedi, convinto che il commento di Blancomon fosse razzista e forse lo era, ma Gustav era ormai troppo stanco per sentire le loro sfuriate, che continuavano ininterrottamente da dieci anni. Placò i loro spiriti con un diversivo ed i due dimenticarono la faccenda.
Quella sera, davanti al fuoco appositamente posto ai lati estremi del rifugio, i ragazzi discutevano della prossima battaglia. Ma nessuno riusciva a restare completamente serio, così si iniziò a parlare dei bei tempi andati. Di come Gustav, anni addietro, come ricordi di un sogno nelle loro menti, aveva lottato fino allo stremo con il suo compagno/rivale, Paciockone. Den e Blancomon si punzecchiavano a vicenda, mentre i Gigimon più giovani chiedevano che Gustav raccontasse loro la storia di come aveva steso Paciockone e allora lui, tronfio, gonfiava il petto. Le piccole cicatrici rilucevano per via delle fiamme ballerine del falò e cominciava a raccontare, aggiungendo dettagli mano a mano che la storia proseguiva. Sembrava una serata quasi tranquilla, finché qualcuno bussò una volta, poi due e così via fino a cinque. I ragazzi saltarono in piedi, Gustav mise mano al fucile che ancora portava con sé ma che ormai non aveva più proiettili. Akulmon sfoderò la spada e Blancomon si mise in posizione di combattimento, i tirapugni lucidati a dovere che lampeggiavano nel buio della sera. Den spostò Ronald verso la retroguardia, prendendo il fendente che aveva lui stesso fabbricato con i resti delle lattine e dei bossoli vuoti del fucile di Gustav. I Fexmon di guardia quella sera si voltarono verso i loro superiori. Gli altri facevano schioccare le nocche pronti ad un possibile attacco. Anche Ranomon, il Gigimon di Ron, stava per gonfiare la membrana per generare il gas, ma Ron lo fermò con la mano grassoccia, scuotendo la testa come deluso da quel gesto del suo

Gigimon. Dalla porta, qualcuno ricominciò a bussare, una poi due e poi tre fino a cinque. "Apri" disse Gustav, pronto a qualsiasi cosa. Ormai, non lo avrebbe sorpreso più nulla, nemmeno se la faccia di Adolfoy si fosse presentata davanti a lui in quel momento. I Fexmon si avvicinarono al portone. Aprirono quel varco tanto da farci passare le loro braccia nerborute ed ecco, colui che quella notte bussò al nascondiglio venne gettato a terra. Adesso, bisognava solo scoprire chi fosse, cosa volesse e se le sue intenzioni fossero buone o cattive.

Capitolo 29

Aria di rivoluzione

«Ma che cazzo fate, sono io!» Si lamentò Maialomon.

«Maialomon? Ti stavamo aspettando!» Rispose Gustav.

«E vi sembra questo il modo di accogliermi?!»

Gustav se ne uscì con un verso nerd: «LOL».

Maialomon si rialzò aiutato dai Fexmon e si sedette ad un tavolo con Gustav, Akulmon, Den, Blancomon, Ron e Ranomon.

«Oggi, abbiamo finalmente completato il progetto Madaffaka» comunicò Maialomon. I ragazzi si guardarono con intesa e soddisfazione. Ron si alzò in piedi e alzò pure l'indice prima di parlare:

«Il progetto Maddaffakka è un progetto che stiamo portando avanti da anni e si tratta di cento navi da guerra che possono trasportare a testa cento Gigimon più armi, munizioni, provviste ed effetti medici.»

Gustav si alzò e tirò un coppino a Ron dicendogli «Grazie ma lo sappiamo già, sono anni che ci stiamo lavorando... Sempre peggio eh...».

«Lo stavo solo spiegando nel caso ci fossero degli ascoltatori che avessero seguito le nostre avventure fino a dieci anni fa e abbiano ripreso solo ora.» si giustificò Ron sorridendo al compagno.

Tutti fecero dei cenni come per dare dell'imbecille a Ron, ma grazie a Ron ora sappiamo tutti cosa sia il "progetto Madaffakka".

«Quando partiremo?» Chiese Blancomon a Maialomon.

«Domani, all'alba.» Rispose Maialomon con una voce da vero leader.

Passarono due secondi e poi tutti iniziarono a lamentarsi, il primo fu Akulmon: «Zio cane, ma così presto?!»

«Non si può dopo le dieci?!» aggiunse Gustav.

«Già, tanto che cazzo ti cambia?!» si aggiunse pure Den.

Maialomon allora si arrese alzando le mani ed accettò la controfferta. I nostri eroi si versarono un calice di birra a testa e la alzarono al cielo per brindare a questo successo.

***

Il giorno seguente, erano ormai le undici.

Circa diecimila Gigimon si erano radunati davanti a cento grandi navi distese per tutta la costa. Il capo della ribellione, Maialomon, le aveva organizzate in modo che ognuna avesse il suo capitano e, per qualche strana ragione (molto probabilmente perché sono i protagonisti), tra questi cento capitani vi erano pure Gustav, Den e Ron, ognuno accompagnato dal suo rispettivo Gigimon oltre ad altri novantotto Gigimon al suo comando.

Contrariamente agli standard a cui siamo abituati, questa volta era tutto organizzato alla perfezione. Maialomon aveva pure spiegato ai capitani il piano per attaccare le terre di Adolfoy, ma nessuno ebbe voglia di ascoltarlo.

Tra le varie armature disponibili, Den Tommaso aveva pensato bene di fregare quella in acciaio nero per farsi chiamare "il cavaliere nero", come per riscattarsi dalle battute razziste. Però era figa quell'armatura, a Gustav piaceva parecchio, così decise di rubargliela la notte prima della partenza e la indossò senza l'elmo per non rovinarsi la cresta. Aggiunse il fucile legato alla schiena e ricaricato con proiettili artigianali, più un marsupio fatto da lui stesso con le pelli di Gigimon morti.

Akulmon si coprì con "parazampe" di ferro solo il braccio destro, come dice lui: "stare coi coglioni al vento è più comodo".

Per l'armatura di Ron ci furono dei problemi, aveva la pancia scoperta e l'elmo non lo voleva indossare perché avendo visto Gustav uscire dalla base prima di lui senza pensò che fosse meglio così.

Ranomon aveva una specie di scudo a ripararle la schiena e lasciare liberi i fori da cui avrebbe potuto emanare il gas.

Blancomon aveva i guantoni completamente ricoperti dal ferro ed era anche l'unico ad aver scelto di indossare l'elmo.

Den… Beh… Den non aveva più nessuna armatura, così si presentò davanti alla sua nave con una canottiera bianca sudata, dei pantaloni larghi militare e degli scarponi marroni.

«Si parte! Si va a fare il culo ad Adolfoy, riprendiamoci Gigiworld!» Gridò Maialomon in dall'alto della sua nave prima che i Gigimon vari si imbarcassero, ma senza ottenere risposte o grida. Era troppo in alto e distante, nessuno lo sentì… Dopo questa figura di merda di Maialomon i Gigimon capirono da soli che dovettero imbarcarsi ognuno nella sua rispettiva nave.
Fu così, che le navi salparono a mezzogiorno. La guerra finale stava per cominciare.

Capitolo 30

Morby Dick

Stranamente, tutto procedeva secondo i piani. Le navi erano ormai salpate da un bel po', il viaggio era ancora lungo e il tramonto era alle porte.

Le navi di Gustav e Maialomon erano più veloci, spinte dal potente vento dell'est mentre la nave di Ronaldo era dietro.

Gustav si reggeva in piedi davanti agli altri, una posa molto imponente, mentre Ron soffriva il mal di mare in silenzio, vomitando addosso agli altri Gigimon involontariamente.

«Ehi Gustav, te la ricordi la storia di Morby Dick?» Chiese Akulmon.

«Chi cazzo è?» rispose Gustav.

Akulmon allora si fece serio e guardando l'orizzonte infinito raccontò la sua storia.

«Molti Gigimon che hanno attraversato questo mare sono spariti nel nulla. La leggenda narra che in queste acque ci sia un pesce grande quanto una montagna, assetato di sangue e pieno di cicatrici. Alcuni dicono che abbia duemila anni, mentre altri dicono sia immortale»

«Un pesce grande? Forse intendi una balena...» chiese Gustav.

«Ecco come si chiama quella merda, non me lo ricordo mai» replicò ridendo.

«Comunque il suo nome è Morby Dick, la balena dal cazzo dorato» concluse il Gigimon.

La simpatica scenetta fu interrotta da una forte scossa alla nave.

Tutti caddero per terra; Gustav si rialzò subito cercando di non essere notato, catturando l'ammirazione dei suoi soldati.

Successivamente tutte le navi dietro la sua subirono la medesima scossa.

«Porca troia, eccolo!» Urlò Akulmon.

«Che coincidenza, proprio quando mi racconti sta storiella eccolo lì… TAAC compare il mostro… ah ah ah, sgamato coglione, tu e questi scherzi di merda» rispose Gustav.

La nave di Den Tommaso era rimasta in fondo. Quel giorno sembrava andare sempre peggio per Den: oltre a ritrovarsi senza armatura aveva beccato la nave più lenta e sembrava anche avere parecchi buchi da cui entrava l'acqua.

I Gigimon più scarsi dovevano remare, mentre quelli più forti restavano all'erta.

Un'ombra nera si intravedeva sotto la nave di Den, che frastornato correva ai lati cercando di scoprire cosa fosse.

«Den! Remate più velocemente, sembra esserci un mostro marino sotto la tua nave!» Urlò Gustav in lontananza.

«A chi hai dato della puttana?!» Rispose Den, innervosito, non capendo le parole dell'amico.

«Un mostro! C'è un mostro sotto la tua nave!» Riprovò Gustav.

«Un motro?! Ha detto un mostro?!» chiese subito a Blancomon, il povero Den, impaurito.

«Ma va, ti sta prendendo per il culo come al solito» rispose Blancomon ridendo.

L'ombra sotto la nave di Den diventava sempre più grande, al punto che tutti cominciarono a remare all'impazzata per allontanarsi. Si spostarono quanto bastava proprio all'ultimo secondo, quando la mostruosa creatura spaccò le acque in due risalendo in superficie.

Un muso grande quanto la scuola di Las Hogwarts comparve davanti alla nave, mentre il resto dell'essere restava ancora immerso.

Era uno spettacolo pieno di viva meraviglia e di spavento.

Le grandi ondate dell'onnipotente mare si scontravano sollevando la nave, le nuvole sopra coprirono il sole e tutti rabbrividirono alla vista della balena leggendaria: Morby Dick.

Den corse a prendere il comando al timone, urlando parole a caso che aveva sentito solo nei film, mentre la balena minacciò la nave con un getto di vapore.

«Ammainate le veleeee! Ai remiii! Lanciate gli arpioni! Ai cannoni!» Urlava Den, girando il timone a caso.

«Ma che cazzo stai dicendo, Den?! La nostra nave non ha cannoni…» Disse Blancomon, prendendo Den per il collo.

La nave di Ron si era fermata dietro all'essere, sotto suo ordine.

Ron, con le poche forze che aveva per colpa del mal di mare, prese un secchio di legno e lo lanciò contro il mostro.

Il secchio non riuscì ad arrivare neanche in mare, colpendo un povero Gigimon ai remi.

Den si preparò alla lotta stringendo un remo di legno, mentre Blancomon si guardava attorno.

«Allora Blancomon... senza risentimenti, ok?! Moriremo combattendo!» disse coraggiosamente Den, per poi accorgersi che Blancomon era improvvisamente sparito.

Il Gigimon stava preparando la scialuppa di salvataggio in tutta fretta.

A quel punto la balena sollevò la sua immensa coda fuori dalle acque e con un colpo secco distrusse metà nave senza problemi.

Il temibile canto della balena accompagno l'attacco, mentre Den si era miracolosamente salvato saltando all'ultimo momento.

«Non guardare indietro, Akulmon... è pur sempre una guerra... dobbiamo puntare al nostro obiettivo» Disse Gustav, guardando verso il cielo.

Nel frattempo Ron continuava a lanciare lo stesso secchio, senza successo.

Blancomon stava intanto remando sulla scialuppa di salvataggio verso la nave di Ron, cercando di arrivarci il prima possibile.

Den Tommaso si guardò attorno tra le macerie, osservando il massacro: tutti i Gigimon della sua nave erano feriti o morti. I feriti erano senza un arto, in fin di vita.

Den prese un pezzo di legno e si tuffo in mare, spingendosi verso la nave di Ron.

Morby Dick sembrò pronto ad un nuovo attacco, ma contrariamente si immerse di nuovo nell'oceano, continuando sulla sua rotta. La nave di Den, sfortunatamente, si trovava da sola sulla sua rotta, solo per questo motivo era stata attaccata.

Den, sconvolto, vide la grossa balena a qualche metro da lui immergersi e, per una pura casualità, lo intravide. Den intravide il grosso pene dorato della balena, così grande e splendente.

Una volta ristabilito l'ordine, nuotò velocemente verso la nave di Ron, recandosi in salvo, subito dopo l'arrivo di Blancomon.

«Ehi Den, senza rancore eh... pensavo fossi morto nell'attacco, per questo me ne sono andato...» disse Blancomon.

«Ma se sei scappato prima dell'attacco!» urlò Den, prendendo un remo allo scopo di colpire il suo Gigimon.

Intervenne il grasso Ron, abbracciandoli sotto la sua sudata spalla e stringendoli a sé.

«L'importante è che siamo tutti salvi» disse Ron.

«Ma ho perso i miei soldati!» Disse Den, spingendo via l'amico.

Ron sembrò non capire tutta quella rabbia, così si girò sorridendo verso Blancomon.

Il sorriso di Ron venne illuminato dai raggi del sole, comparso tra le nuvole ormai lontane.

Blancomon rimase colpito da quel magnifico sorriso, innocente e angelico, finché il povero Ron non si sentì di nuovo male e vomitò in faccia a Blancomon, smerdandolo per bene.

Capitolo 31

Attacco al potere

Erano passate tre settimane da quando le 99 navi (bad luck for Den) erano salpate da Vespuccia per approdare in Zermania.

Ron avrebbe venduto la sua anima pur di tornare sulla terra ferma. Den sarebbe stato d'accordo, visto il continuo spettacolo raccapricciante di vomito a cui era costretto ad assistere ogni giorno.

Gustav e Akulmon erano i primi, la nave più avanzata era quella in cui c'erano loro e altri 98 Gigimon. Uno di questi, con le sembianze di un pappagallo, era incaricato di indicare la rotta all'equipaggio.

Ad un certo punto, gridò ciò che è più scontato gridare in questi casi: «Ma un po' di figa qua?! Oh, a proposito: TERRA!!».

A quel suono Gustav lo comunicò via radio a Maialomon che sparse la notizia tra tutte le navi. Dopo ciò Gustav chiese ulteriori informazioni.

«Pappagiallomon! Dimmi! Cosa vedi?»

Pappagiallomon scrutando meglio l'orizzonte impallidì.

Gustav insistette nel farsi dare una risposta e ripeté la domanda. A quel punto Pappagiallomon rispose al suo comandante: «Ci stavano aspettando… Sapevano tutto… Sulla costa ci saranno 10.000, anzi, almeno 100.000 Gigimon davanti alle mura del castello di Adolfoy!! L'effetto di coglierli di sorpresa è saltato! C'è praticamente tutto l'esercito ad aspettarci e non se ne intravede la fine!»

Gustav prese la radiolina e comunicò la notizia a Maialomon: «L'effetto sorpresa è andato a farsi fottere, sono tutti sulla costa ad aspettarci.»

Maialomon si innervosì.

«Gustav, torna in posizione. Dobbiamo essere compatti, altrimenti questo sarà un suicidio di massa. Siamo arrivati fino a qui e non torneremo indietro, ormai. Sono anni che progettiamo questa guerra. O vinciamo o moriremo combattendo!»

«Ahahahah!» rise Gustav sorprendendo e spiazzando Maialomon.
«Noi iniziamo ad andare per scuoiarne un po'... Se ci raggiungete il prima possibile ci fate un favore...»
«Gustav, fermati!! È un ordine! Torna in posizione!».
Gustav guardò Akulmon con intesa e quello si mise a ridere pure lui gettando a terra e rompendo il trasmettitore commentando con un "mannaggia s'è rotto!".
Un Gigimon lucertola, Kantmon, chiese a Gustav: «Cosa ha deciso di fare Maialomon?»
«Eh, quello dice che si è cagato addosso dalla paura e deve cambiare armatura... Ha detto che dobbiamo iniziare ad andare avanti noi...»
Kantmon sembrò molto stupito della decisione di Maialomon, ma non avrebbe potuto fare altrimenti se non seguire le indicazioni dei suoi superiori, così lo comunicò anche al resto della ciurma.
Nel frattempo, diversi metri più indietro, Maialomon diede l'ordine di attaccare.
Den in fondo era preoccupato per il suo amico Gustav vedendolo sul fronte in prima linea, ma iniziò a tirar fuori un paio di pistole e aspettò il suo momento. Ron invece fissava il vuoto sorridente, poi all'improvviso si vomitò addosso per il mal di mare senza però spostare minimamente il viso per reindirizzare il rigurgito. Dovette intervenire Ranomon a pulirlo con delle salviette.
Mancavano solo un centinaio di metri ma ecco che la nave di Gustav fu colpita da un colpo di cannone e iniziò a perdere acqua. I Gigimon ne furono per un attimo scossi, ma il capitano diede l'ordine di continuare sulla rotta imperterriti.
Furono nuovamente colpiti da un altro attacco, una saetta lanciata da qualche Gigimon nemico che distrusse una vela. In seguito arrivarono anche altri attacchi di ogni tipo: fulmini, raggi di ghiaccio, aculei velenosi, onde energetiche, palle di merda etc...
Qualche Gigimon era già stato ucciso, ma Gustav aveva dato anche l'ordine di non contrattaccare prima di essere arrivati a riva.
Per qualche strano miracolo, la nave completamente distrutta riuscì comunque a giungere fino a riva davanti agli innumerevoli nemici che per quell'istante cessarono il fuoco.
Davanti all'esercito si fece spazio uno dei più pericolosi seguaci di Adolfoy per andare a parlare con chiunque sarebbe sceso dalla nave. Quel Gigimon era lo stesso clown che dieci anni prima aveva accompagnato Adolfoy col suo esercito per intimidire Gustav e gli

altri. Era il clown rosso con la maschera sorridente e armato con due pugnali.

«Io sono il generale Comunismon. Uno dei tre grandi generali di Adolfoy. Chiunque di voi passerà dalla nostra parte per uccidere i suoi attuali compagni sarà risparmiato!».

Dalla nave saltò fuori Akulmon contro luce e tutti facevano fatica a riconoscerlo perché abbagliati dal sole alle sue spalle.

Mentre era ancora in volo, Akulmon aprì le fauci e del fuoco iniziò a prendere una forma sferica nella sua bocca.

«Meteora infame!» gridò Akulmon prima di scagliare quella sfera che, dopo essere uscita dalla bocca, si ingrandì sempre di più fino a raggiungere il diametro di esattamente 33.174 metri, per poi colpire Comunismon e un'altra decina di soldati incenerendoli.

«Ora!!» diede l'ordine ai suoi Gustav, che saltarono giù dalla nave come fece lui, mentre in contemporanea aveva iniziato a sparare ai nemici con un mitragliatore.

Molti di quei Gigimon morirono subito, alcuni anche inciampando e sbattendo la testa al momento del salto, ma tra Gustav che sparava in faccia a Gigimon in ogni direzione e Akulmon che aveva iniziato ad afferrarli con la sua nuova spada, sembravano quasi potersela cavare.

Intanto stavano per arrivare anche Maialomon e il resto dei ribelli, era questione di minuti.

Den scambiò un'occhiata con Blancomon, ma questo ricambiò ridendo e facendogli il gesto del pompino, come se, nonostante tutto il tempo ormai passato, provasse ancora divertimento nel ricordargli dello scherzo che gli fece dieci anni prima.

Ron prese in mano un cellulare e scrisse alla moglie del Gigimon morto 10 anni prima continuando a fingersi lui: *Tra poco sarà tutto finito, tesoro. Sto per tornare a casa:)*

Capitolo 32

Il castello errante di Adolfoy

Arrivarono a riva le restanti navi, una marea di Gigimon partì all'attacco mentre molti di loro venivano colpiti dalle lance e dalle frecce a distanza dall'esercito di Adolfoy.

Gustav si faceva strada sparando, lasciando un'interminabile scia di sangue dietro di sé.

Partirono le trombe, un'altra fila di soldati comparì dietro la collina, ormai quasi raggiunta dai nostri eroi.

Le onde a riva si scontravano col sangue, centinaia di corpi galleggiavano sull'acqua.

I ribelli però, si erano preparati per anni, ed era servito.

Gustav fu il primo a raggiungere la cima della collina, il suo esercito gli copriva le spalle mentre lui faceva strada.

Ron usava il suo peso e partiva di corsa contro il nemico spiaccicandolo per terra o spingendolo via, Den invece puntava la pistola in orizzontale come i ragazzi del peggior ghetto dominato dalle pantere.

Gustav si fermò. La sua figura di spalle, controluce sulla collina mentre il vento muoveva la sua chioma danzante, rendeva la scena epica, Ronald si fermò e si inginocchiò, facendo il segno della croce mentre Den si perse la scena poiché stava rischiando di essere soffocato da un soldato che l'aveva colto di spalle.

Gustav vide un castello gigantesco davanti a lui, protetto da migliaia di Gigimon armati e pronti a combattere.

Il castello sembrava alto tre piani, sulla cima era presente un terrazzo. Sembrava quello di un dio, pieno di fiori e protetto da due guardie ai lati alla porta.

Un uomo si intravedeva dentro quella porta, una figura familiare.

L'uomo uscì allo scoperto, un'armatura accecante fatta d'oro lo ricopriva, dei capelli lunghi e biondi coprivano le spalle e gli occhi azzurri confermavano la sua identità: quell'uomo era Adolfoy.

Adolfoy guardò dall'alto in basso Gustav, i loro sguardi si scontrarono per qualche secondo.
Gustav prese il fucile, lo puntò verso di lui ad una distanza smisurata e "PEM!": partì un colpo perfetto dritto verso il nemico, probabilmente il colpo migliore della sua vita.
Improvvisamente però un Gigimon alato si posizionò davanti ad Adolfoy, respingendo la pallottola con le sue potenti ali.
Quel Gigimon era Diavomon, il traditore. Dopo aver protetto il suo capo, aprì le ali e si mise accanto a lui.
Adolfoy si innervosì, prese un pugnale e trafisse una delle due guardie. Prese il corpo e lo lanciò dal terrazzo, alzò il pugnale al cielo e subito dopo lo abbassò indirizzandolo verso Gustav.
Le trombe suonarono e l'esercito partì contro i ribelli.
Adolfoy rientrò dentro, mentre ormai gli altri avevano raggiunto Gustav sulla collina, pronti allo scontro.
Prima che Maialomon desse l'ordine d'attacco qualcuno spinse Ron da dietro, facendolo cadere e rotolare come una palla contro l'esercito nemico.
Come insegna la seconda legge della dinamica, Massa×Accelerazione=Forza
Pertanto, l'obeso Ron travolse via una lunga fila di avversari, creando così una strada spianata per Gustav.
I soldati di Adolfoy erano stati addestrati solo ad avanzare in avanti e pertanto nessuno si mosse lateralmente per coprire questo buco.

Capitolo 33

Il cavaliere oscuro contro il jolly

Gustav saltò in groppa ad Akulmon e corse all'ingresso del castello dove il suo Gigimon con la spada tagliò a metà i due Gigimon di guardia lì davanti.

«L'ultimo che arriva è un pirla!» Urlò Gustav girandosi verso gli altri.

Fu raggiunto a fatica solo da Ron, Ranomon, Den e Blancomon che arrivarono dietro Gustav e Akulmon col fiatone.

«Ce ne avete messo di tempo eh...» disse Gustav saltando giù da Akulmon.

«Oh, man... C'è pur sempre una guerra lì dietro!» sollevò le spalle Den.

«Ci siamo, amici!» diede la carica Ron.

Non passò un altro secondo che buttarono giù il grande portone di avorio con lo stemma di due serpenti all'ingresso.

«Siamo ritornati porca troja» canticchiò Gustav con uno strano accento da immigrato.

«Puoi dirlo forte, Gustav» gli rispose a ritmo Den.

«Maderfader» gesticolò Ron.

«Gigimon vi piscio in boca» aggiunse Gustav.

«Maderfader» ripeté Ron.

«Ti ucido su in testa ti ruvino la vita, bastar-» Ma Den fu interrotto mentre stava finendo la frase dalle candele, disposte lungo le quattro pareti, che si accesero improvvisamente, illuminando la sala.

Era una stanza di marmo grande con un camino, un grande tavolo e una decina di sedie. Doveva essere una sala riunioni, o qualcosa del genere.

L'unica cosa che catturò l'attenzione dei nostri eroi fu una scala a chiocciola, che saliva al piano successivo e scendeva sottoterra, in fondo alla stanza.

Si sentì una risata agghiacciante ma non c'era nessuno. Si videro delle ombre di un bizzarro figuro dietro a ogni candela.

Gustav sparò a tutte, una per una, con una velocità di ripetizione impressionante.

Poi comparve a un metro davanti a lui un il Gigimon generale con l'aspetto di un clown nero e due spade legate dietro la schiena.

Gustav fu colto di sorpresa e Akulmon lanciò un'altra meteora infame sul nemico ma esso svanì nel nulla. Dietro le spalle di Gustav si materializzò un sipario da cui uscì il clown con una spada in mano, intento a trapassare l'armatura di Gustav.

A fermarlo fu un cazzotto in faccia di Blancomon che lo scagliò a due metri di distanza con i suoi guantoni di ferro.

«A lui ci pensiamo io e Den! Andate avanti che vi raggiungiamo non appena abbiamo finito con 'sto coglione!» gridò il Gigimon bianco al resto dei compagni.

Ron si mise le mani sulle anche in una posizione orgogliosa per qualche strana ragione, Gustav, invece, diede l'ordine a Ron e Ranomon di andare al piano di sotto.

«Ron, Ranomon. Voi scendete giù, probabilmente è lì che ci saranno le segrete dove Hermagone è prigioniera. Io e Akulmon saliamo ai piani di sopra. Probabilmente dovremo affrontare Drago e Diavomon, ma non sarà un problema.».

Ron imbrunì il suo sguardo che fino a poco prima era perso nel vuoto e rispose a Gustav.

«Okay. Ma lui si chiama Angelomon.»

«Come ti pare...» disse sorpreso Gustav.

«Frocio» tossì Akulmon con la zampa davanti alla bocca.

Mentre correvano verso le scale, una spada lanciata come un boomerang stava per colpirli, ma fu fermata da tre o quattro proiettili sparati da Den con la pistola.

«Suprise Motherfucker?!» si rivolse così, il nostro ragazzo di colore, al generale di Adolfoy che non poté fermare il resto del gruppo dal raggiungere le scale e dividersi.

Il clown si alzò in piedi e diede inizio alle presentazioni.

«E va bene... Ora si fa sul serio. Il mio nome è Naziomon, sono il clown del dolore, molto più potente di mio fratello Comunismon, il clown della falsa gioia. I vostri amici verranno uccisi molto presto, ma prima mi occuperò di voi due. Io sono conosciuto in tutta Gigiworld con il nome del "jolly", sia per il mio aspetto, sia perché Adolfoy mi chiede di intervenire nelle situazioni più critiche.»

Den si tolse della polvere immaginaria dalle spalle e disse al suo avversario: «Io sono Den Tommaso. Ma tutti mi conoscono come "il cavaliere oscuro". Presto scoprirai perché.»
Den aveva fatto una presentazione ad effetto che terminò puntando la pistola verso il suo avversario. Ma fu proprio il suo collega a rovinargli la reputazione:
«Ma che cazzo dici, Den?! Nessuno ti chiama così, noi ti chiamiamo il "Vucumprà che ci ha creduto"...» fu l'infamata di Blancomon prima della lotta.

Capitolo 34

Paris 1789

Mentre i tre si preparavano a combattere, un rumore seguito da delle urla distolse la loro attenzione: Ron era caduto per le scale che portavano alle segrete e si era procurato innumerevoli ferite. Ferite, che aumentavano ad ogni scalino. Il suo Gigimon aveva perso i sensi, schiacciato alla testa dal grasso ragazzo.

Den fece l'infame, così approfittando della situazione prese la mira e sparò un colpo a Naziomon, il quale si accorse all'ultimo e con un'incredibile velocità si spostò giusto prima che la pallottola arrivasse alla sua fronte, colpendolo solo di striscio alla tempia e causandogli una lieve ferita. Il clown si pulì il sangue, leccandosi il dito.

Un'espressione spaventosa di compiacimento comparve sul suo volto.

«Vi farò molto male...» disse Naziomon, emettendo un'agghiacciante risata.

Improvvisamente la scena sembrò diventare al rallentatore.

Il clown partì contro i due amici, impugnando le spade.

Den e Blancomon partirono a loro volta e saltarono al volo, Den sparando e Blancomon preparando il suo formidabile pugno.

Mentre i due erano per aria, il clown improvvisamente si chinò in ginocchio, appoggiando la schiena ai talloni e lasciandosi scivolare sotto Den e Blancomon.

A quel punto i due erano per aria, osservando quasi impotenti il clown sotto di loro, pronto a trafiggere il loro corpo con le sue spade.

Il clown provò a trapassare i due, ma quando tutto sembrava finito Blancomon riuscì a girarsi in aria, prendendo la potenza giusta per un potente calcio ai danni del clown. Il colpo fu però parato dalle due spade, incrociate all'ultimo momento, prima del colpo.

Finì la scena al rallenty.

Una cosa era sicura: il vincitore di quel combattimento sarebbe stato l'avversario con i riflessi più veloci.

***

Gustav, insieme al suo Gigimon, avevano nel frattempo scalato la fortezza fino ad arrivare al piano di sopra.
Una volta arrivati furono sorpresi da quello che videro. Fiamme incandescenti coprivano le pareti del piano, un caldo della madonna.
«Minchia un incendio!» disse Akulmon, in cerca di un estintore.
«Non è un incendio, idioti… è solo la mia dimora»
Quella voce sembrava essere familiare ai due.
In mezzo alla stanza si formarono altre fiamme, finché non comparve un essere alato con le sembianze di un diavolo.
«Angelomon!» esclamò Gustav.
«Cos… Io sono Diavomon!» urlò il Gigimon malvagio, sbattendo le ali e causando un vento che sparse le fiamme.
«Eh, decidetevi però…» rispose Gustav in merito al nome.
«Mi dispiace, ma non andrete oltre… mi stupisco che voi siate arrivati fin qui» disse Diavomon.
«Senti questo pezzo di merda, Gustav. Fa tanto il figo per un paio di ali e poi…» disse Akulmon.
«Sì sì, secondo te quelle ali le ficca sul culo di Adolfoy prima di andare a dormire? Questo spiegherebbe il color merda» rispose Gustav.
«SONO NERE, IDIOTI» Disse Diavomon, adirato.
I due ignorarono la sua risposta e continuarono a provocarlo, insinuando dubbi sul suo orientamento sessuale ed imitando gesti molto volgari riguardanti strane effusioni che Diavomon e Adolfoy si sarebbero scambiati.

***

Ron invece si era ripreso dalla caduta e si era alzato (a differenza del suo Gigimon, ignorato totalmente e lasciato vicino alle scale), ritrovandosi in un corridoio illuminato solo da alcune torce di fuoco poste ogni cinque metri.
Ron stava letteralmente tremando dalla paura, ma si fece forza e si avvicino ad una torcia di fuoco per prenderla.

La torcia era posizionata alla sua altezza ma il braccio di Ron non ci arrivava per via del grasso del corpo, quindi per poterla prendere doveva trattenere il fiato e spingere contro il muro.
Dopo svariati tentativi ce la fece, e continuò per il corridoio.
Dopo pochi metri una mano comparve alla sinistra di Ron e provò ad afferrarlo.
Ron, preso dal panico, afferrò la mano e la ruppe in due colpendola col gomito. La paura aveva regalato a Ron dei riflessi pazzeschi, riusciva persino a notare i movimenti degli insetti e dei ragni.
«AHIA, VECCHIO! IL MIO BRACCIO!» Urlò di dolore un Fexmon, chiuso dietro delle sbarre.
Ron lo fissò per un attimo, per poi continuare sulla sua strada, ignorando totalmente il fatto e sudando dalla fronte. Probabilmente era in uno stato di shock.
«Ehi vecchio ma dove vai?! Tirami fuori di qui, salviamo tutti i prigionieri!» inutili furono le urla del Fexmon in cerca di aiuto.
Ron alternava una breve corsa a un riposino, appoggiandosi col gomito sul muro e stringendosi la milza.
Intanto, Den e Blancomon le avevano prese di brutto dal clown Naziomon, erano ricoperti da tagli su tutto il corpo.
Ad una certa l'illuminazione raggiunse Blancomon.
«Den, ho un'idea. Ma per farla funzionare devi fare una cosa per me»

Capitolo 35

Combattimenti della Madonna

Intanto, fuori dal Castello di Adolfoy, si stava combattendo una guerra sanguinaria. I nostri eroi, in stanze diverse, affrontavano i nemici più cazzuti.

«Smettila con questi scherzi idioti... Non te lo faccio il pompino, Blancomon...» disse Den al suo Gigimon.

«Ancora?! Ma sei fissato eh... Pensa te se nel bel mezzo di un combattimento mortale tu come primo pensiero abbia quello di succhiarmelo...» rispose Blancomon trattenendo un sorrisetto.

Naziomon non aspettò i suoi avversari e diede inizio al suo numero di magia: fece comparire un sipario alle sue spalle e ci entrò con un salto, subito dopo, comparve un altro sipario alle spalle di Den e Blancomon e la prima cosa dal quale uscì da esso fu la spada di Naziomon pronta a trafiggere Den.

Blancomon se ne accorse e tirò un pugno in faccia a Den per "salvargli la vita" scansandolo.

Naziomon tornò dentro al sipario e ricomparì con lo stesso trucco nel punto dove si trovava prima.

«Grazie, Blancomon! Mi hai salvato la vita... Ma era necessario colpirmi in faccia...?!»

«Non c'era tempo...»

Naziomon però non voleva perdere tempo, così schioccò le dita e i bordi della stanza si riempirono di sipari come il primo. In questo modo avrebbe potuto attaccare in ogni direzione.

«Ora capite perché con me nessuno ha mai avuto la meglio?» se la tirò Naziomon.

Ma Blancomon sorrideva. Aveva davvero un asso nella manica, così incrociò i guantoni.

«Tecnica superiore della moltiplicazione del corpo!»

Blancomon fu ricoperto da un fumo grigio. In questi anni aveva imparato pure lui un nuovo attacco.

Quando il fumo svanì, c'erano cinque Blancomon. Ma si riconosceva l'originale, stranamente, perché gli altri stavano tutti smascellando o si toccavano la faccia coi guantoni ridendo in modo strano e facendo versi altrettanto particolari.

«Ma che cazz…» commentò Naziomon.

«Sì, beh… Sono forti come me eh… Semplicemente quando creo delle copie, beh…» non finì la frase Blancomon che intervenne Den.

«Ti escono ritardate…»

«Eheheh!!» rise una copia di Blancomon partendo all'attacco sferrando pugni a casaccio a Naziomon, che li schivo tutti e lo prese con una mano sulla testa, ma non fece in tempo ad attaccarlo di nuovo che un'altra copia gli sferrò un gancio pazzesco sulla guancia scaraventandolo per terra.

«Pezzi di merda…» Naziomon si pulì il sangue che usciva dalla maschera con il gomito.

«Ora, Den!» gridò il vero Blancomon al compagno e il ragazzo di colore sparò tre colpi al nemico, ma questo fece in tempo ad affettare i proiettili con le spade come se fosse un samurai, poi si tuffò dentro a un sipario.

***

Qualche stanza più in alto nel castello, si trovavano Gustav ed Akulmon ad affrontare il terribile Diavomon.

Akulmon impugnò la sua spada, Diavomon il suo forcone infernale.

Fu Akulmon il primo a lanciarsi all'assalto, Diavomon sembrava cavarsela egregiamente pure nella scherma, era una bestia.

Akulmon, però, si era allenato duramente in tutti questi anni e, a un certo punto, girò su se stesso ruotando la spada con un violento attacco che Diavomon riuscì a parare col manico del forcone. Akulmon stava ancora dando le spalle a Diavomon, il quale ne approfittò per tirare indietro il forcone e attaccare subito dopo Akulmon.

Ma quella del Gigimon arancione non era una mossa errata, bensì una strategica tecnica: Akulmon mollò una scoreggia devastante in faccia a Diavomon che fu costretto a mettersi le mani sul volto e non riuscì a trattenere le lacrime.

Fu allora che Akulmon trafisse Diavomon con la sua spada, proprio nel centro del petto.

119

«Muori, figlio di puttana!» commentò rabbioso Akulmon.
«Grande, Akulmon! Sei il numero uno, cazzo! La fatina emo non fa più tanto la figa, eh!» esultò Gustav.
Diavomon però si infuriò ancora di più. Una luce viola lo avvolse.
Delle fiamme nere spuntarono dal traforo sul petto del nemico e continuarono per tutta la spada fino a raggiungere la zampa del Gigisauro.
Akulmon sentì un dolore spaventoso, e quando Diavomon emise un urlo di rabbia le fiamme esplosero, spazzando via Akulmon dopo che gli venne strappata la zampa.
La ferita di Diavomon si rigenerò e le fiamme svanirono. Ma questo ad Akulmon non importava. Lui continuava a fissare il suo braccio a cui era appena stata amputata una zampa.
«CAZZO! CHE MALE DELLA MISERIA!! MALEDETTO FIGLIO DI UNA LURIDA!» imprecava Akulmon.
Gustav cercava di calmarlo intanto: «Ehi, Akulmon… Tutto bene…?»
«SECONDO TE?! NON HO PIÙ LA ZAMPA DESTRA! CAPISCO FOSSE STATA LA SINISTRA… MA LA DESTRA, ZIO SCHIFO!!»
«Non riesci a impugnare un'arma con la sinistra…?»
«E LE SEGHE?!»
«Akulmon…»
«COSA?!»
«Voi Gigimon non avete il pene…»
«COSA CAZZO STAI DICENDO, GUSTAV!»
Akulmon si calmò per un istante e si guardò in basso, poi notò che non gli era stato disegnato il pene e cadde nella più totale disperazione.
Nel frattempo, nel buio delle segrete, Ron e Ranomon avanzavano ancora, passarono davanti a un sacco di Gigimon imprigionati.
«OHU! Asini, di qua! Siete voi? Boia dè! Siete proprio voi!» Gridò una voce familiare.
Era Emismon, anche lui finito dietro le sbarre. Ron questa volta non si spaventò, anzi, fu felice di rivedere una vecchia conoscenza.
«Ciao, Emismon! Cerchiamo Hermagone, sai dove sia?»
Emismon rispose con il suo accento fiorentino.
«Prima cosa statte calmo, seconda cosa statte calmo e terza cosa vattene affanculo! Certo che so dove sia Hermagone, sta di là, in quella cella laggiù!»

Ron guardò nella direzione indicata da Emismon, gli sorrise e andò da quella parte, ma il Gigimon con l'aspetto di una talpa e l'accento toscano si agitò.
«E che fai? Mi lasci qui? Dove vai?! Asino!»
Ma Ron fu come se non l'avesse sentito.
Arrivato in fondo a quel corridoio vide una cella sporca e fredda con all'interno una ragazza dai capelli afro e la carnagione nera, vicino a lei era seduta un Gigimon che sembrava una ballerina da lapdance con un costume da gatta porno.
Ron riconobbe subito la ragazza di colore che come lo sentì alzò lo sguardo stupita.
«Ehi Hermagone!»

Capitolo 36

Hermagone is the new Black

Il combattimento tra Den e Blancomon contro Naziomon proseguiva. Si era formato un cerchio di sipari attorno ai due, incastrandoli all'interno.

Naziomon poteva comparire in uno di essi in qualunque istante, per poi nascondersi di nuovo. Una risata si udì.

«Den, certo che tu porti sfiga. Porca troia, ogni volta ci capita il nemico più rompiglioni» Disse Blancomon, restando in allerta.

Den non fece in tempo a rispondere che Naziomon partì come un razzo da un sipario all'altro, procurando ad entrambi una ferita con le sue spade.

Neanche il tempo di capire l'accaduto, che Naziomon uscì di nuovo a grande velocità, colpendo nuovamente i due.

La cose cominciarono ad andare male, il Gigimon nemico continuava a colpirli a ripetizione, una carneficina.

Den era coperto di sangue, Blancomon era riuscito a schivare qualche attacco parandosi con i suoi guantoni, ma Naziomon continuava ad aumentare di velocità, ormai era impossibile riuscire a capire da dove sarebbe uscito, attacco dopo attacco.

***

Ron nel frattempo stava piangendo di gioia. Finalmente, dopo tutti questi anni, aveva ritrovato la sua amica.

Stranamente, Hermagone era diventata una ragazza di colore. Ron sembrava non averlo notato, inspiegabilmente però la riconobbe.

Il suo singhiozzo di gioia rese la scena imbarazzante.

«Ron! Sei davvero tu?! Come sei diverso…» disse Hermagone.

«Sono venuto per salvarti!» rispose Ron, allontanandosi improvvisamente dalla cella.

«Ehi ma… dove stai andando?!» Chiese Hermagone, confusa.

Ron scomparve tra le tenebre del corridoio.

Dopo qualche minuto, in lontananza Hermagone udì un urlo.
«AAAAAAHHHHHHHHHHHH»
Diventava sempre più forte, finché la forma di Ron ricomparve.
Una botta tremenda. Ron sbatté così forte contro la cella che si ruppe un braccio, senza muoverla minimamente.
«Ma cosa pensavi di fare?! Servono le chiavi!» Urlò Hermagone, mentre Ron si stringeva il braccio dolorante, per terra.
Troiomon sembrava non essere lì. Aveva perso completamente la ragione, si avvicino alle sbarre e chiese a Ranomon se volesse un pompino.
Ranomon la fisso per qualche istante, dopodiché afferrò un ragno con la sua lingua, mangiandolo con gusto, per poi andarsene saltellando.
Ron si alzò, sempre stringendosi il braccio, e decise di andare a chiedere aiuto al Fexmon che aveva visto in precedenza.
Una volta arrivato alla cella il Fexmon, seduto per terra al buio, lo derise.
«Sai cosa si prova ora eh, vecchio… il karma ti fotte» Disse il Fexmon, indossando i suoi tipici occhiali da sole.
«Sai una cosa, vecchio? Farei di tutto per riavere la mia cicca elettronica…»
A quel punto Ranomon ricomparve dal nulla e si fermò davanti a Ron.
Il Fexmon assistette a una cosa senza precedenti.
Ron e Ranomon si fissarono per ben dieci minuti, senza dire una parola.
Ad una certa, Fexmon bestemmiò.
Quella bestemmia fece risvegliare Ron dal black-out.
«Ranomon! Dove sei stato?!»
Ranomon, gracidando, improvvisamente aprì la bocca e cominciò a vomitare.
Ron scoppiò a ridere, indicando il suo Gigimon mentre vomitava come un alcolizzato vicino al coma etilico.
All'improvviso uscì un mazzo di chiavi. Ranomon era andato in cerca delle chiavi e le aveva trovate.
«Quelle sono le chiavi delle celle, vecchio! Presto, prendile e facci uscire da qui! Ti aiuterò contro Adolfoy!» Disse il Fexmon, senza accorgersi che Ron aveva già raccolto il mazzo di chiavi immerse nel vomito di Ranomon, ed era già andato via correndo verso Hermagone.

Il Fexmon promise vendetta, sbavando, ringhiando e stringendo le sbarre di quella maledetta cella che lo teneva rinchiuso lì con tutta la sua forza.

Una volta tornato da Hermagone col mazzo di chiavi, Ron ebbe il culo incredibile di trovare la chiave al primo colpo, tra una vasta scelta di duecento chiavi diverse. Tutti furono stupiti; lui sorrise, come se lo sapesse.

Appena aprì la cella, un allarme scattò nei sotterranei.

«Ron ma che hai fatto?!» Disse Hermagone, muovendo la testa in modo strano.

Ron alzò le spalle.

***

Sopra qualche piano, Akulmon aveva fasciato la ferita subita, mentre Gustav distraeva Diavomon con una serie di spari. Le ferite del Gigimon diabolico continuavano a guarire, sembrava quasi un essere immortale.

L'attenzione di tutti però venne rapita dall'allarme scattato nei sotterranei.

«Quel tardo di Ron ce l'ha fatta!» Disse Gustav ad Akulmon.

«Ron?! È qui anche lui?!» Chiese Diavomon, stupito.

Akulmon si avvicinò con fare minaccioso.

«Ora ti taglio le ali e ti ficco questa spada su per il culo, voglio vedere se poi fai tanto il figo» Disse Akulmon preparandosi all'attacco.

Diavomon alzò la mano.

«Mi occuperò di voi più tardi» Disse il Gigimon alato, prima di sparire tra le fiamme.

«Dove cazzo è andato?!» chiese Akulmon.

«Veloce Akulmon, è la nostra chance, proseguiamo al piano successivo» disse Gustav.

***

Sotto di loro Den e Blancomon stavano ancora subendo.

Naziomon continuava a colpirli a raffica, muovendosi tra i suoi sipari.

Den aveva chiuso gli occhi, e rimaneva in piedi.

124

Blancomon pensò che fosse morto, ormai non provava neanche a parare i colpi. Poi però notò che Den strinse un pugno, così realizzò che forse il suo amico stava solo facendo l'infame per far credere al nemico di essere morto.
Invece non era così. Incredibilmente Den era riuscito a calcolare ogni traiettoria, realizzando uno schema mentale di tutti i suoi movimenti.
Era solo questione di tempo, prima o poi Den avrebbe capito la posizione giusta del nemico, in modo da sferrare un unico colpo potente.

Capitolo 37

Il segreto di Adolfoy

Ermagone saltò ad abbracciare Ron. Troiomon fece la stessa cosa con Ranomon. Il momento di gioia fu presto interrotto.

«Il tuo ritardo mentale questa volta ti ha portato al patibolo.» risuonò la voce di Diavomon in quelle oscure segrete.

«Ermagone, cosa stai dicendo?» chiese Ron senza capire un cazzo.

«Veramente io non ho detto niente...» fu delicata nella risposta.

Improvvisamente delle fiamme illuminarono quella stanza oscura e comparve il Gigimon più malefico di tutti: Diavomon.

«Questa volta, Ron, ti ucciderò.» disse con cattiveria il suo ex Gigimon.

Lo sguardo di Ron verso Diavomon si fece serio, duro, rabbioso, sexy e anche leggermente omo.

Ranomon si mise con due balzi tra i due.

«Tu Ron non lo tocchi! Adesso sono io il suo Gigimon!» e dopo queste parole Ranomon si lanciò su Diavomon con un grande salto. Diavomon senza girarci tanto attorno lanciò il suo forcone verso Ranomon e lo prese in fronte trafiggendolo come un kebab di rospo. Ermagone guardò Ron sconvolta aspettandosi di trovare il suo amico nella disperazione di aver perso il suo compagno, ma non fu così. Ron era rimasto impassibile con lo stesso sguardo a fissare il suo vecchio amico. Aveva occhi solo per lui.

Si intromise, per un secondo e disperato tentativo, Troiomon.

«Se ci lasci andare, per te completo a 20€...» propose il Gigimon in uniforme sadomasochista.

Diavomon, seccato, lanciò con una mano un raggio energetico che, solo grazie a dei riflessi incredibili, Troiomon riuscì ad evitare all'ultimo momento.

«Sei frocio, vecchio!» si sentì in lontananza da una cella del corridoio.

***

Den Tommaso era più concentrato che mai.

Seguiva sempre di più i movimenti di Naziomon nella sua mente, ma non era ancora riuscito ad arrivare a prevederli.

Naziomon però non concedeva un cazzo, infatti, decise di tentare direttamente con un affondo della sua lama per trafiggere il cuore pulsante del ragazzo proveniente dal ghetto.

La punta della spada non arrivò nemmeno a sfiorare il petto del ragazzo. Il cuore trafitto fu un altro: Blancomon si era lanciato come un Bodyguard davanti al suo compagno.

Ma lo shock di Den nel vedere questa scena svanì presto. Il corpo di Blancomon esplose in uno sbanfo di fumo. Era solo una delle cinque copie, con problemi mentali, di Blancomon.

Il Gigimon coniglio colse l'occasione che stava aspettando, Naziomon fu preso alla sprovvista da Blancomon che alle sue spalle lo immobilizzò con una Angle Lock.

«Ora, ragazzi! Rovinatelo sto clown!» gridò Blancomon alle sue copie.

Loro si avvicinarono correndo ed emettendo versi come "eheheh" o qualcosa di simile.

Naziomon provava a liberarsi, ma Blancomon lo teneva stretto.

I suoi quattro soci iniziarono a sferrargli di quelle cartelle che non si vedono nemmeno durante una rissa tra giocatori di hockey.

Per qualche secondo procedette tutto a favore di Blancomon: Naziomon stava incassando tanti di quei pugni che con tutto il sangue che stava perdendo avrebbe potuto aprire una nuova ditta di cocktail di A positivo.

Il problema però arrivò poco dopo: i quattro Blancomon ogni tanto sfasavano e si colpivano tra di loro accidentalmente. Uno fu colpito talmente forte che scoppiò anche lui in uno sbanfo di fumo. Poi un altro fece la stessa fine, finché non ne rimase uno solo che fu così confuso da colpirsi da solo. Blancomon rimase senza copie.

Naziomon colse l'occasione per liberarsi e Blancomon saltò vicino a Den.

Gli avversari se le erano date di santa ragione ed erano stremati. Ma non era ancora finita.

***

Gustav e Akulmon correvano sulle scale del castello.

Arrivati in una stanza piena di gioielli d'oro che adornavano le parete e quadri che ritraevano un Drago Adolfoy molto più muscoloso e imponente di come fosse realmente, Gustav ed Akulmon si ritrovarono, finalmente, faccia a faccia con Drago.
Era seduto su un trono placcato in oro che indossava un'armatura scintillante dello stesso colore e sorseggiava un bicchiere di vino con aria soddisfatta (era Tavernello scadente, voleva fare il figo ma non si era preparato…).
«Eccoci qua, Gustav… Solo tu ed io… O forse dovrei solo tu e Dio.».
Gustav si guardò Akulmon e rispose «Adolfoy, tu non ci stai più con la testa… La bamba di LasHogwarts ti ha fottuto completamente».
Akulmon sembrava di fretta, forse per il dolore di aver perso un arto.
«Gustav! Non ci sono Gigimon con questo buffone, sbarazziamoci di lui. Gli mozzo la testa e poniamo fine a questo impero ridicolo!».
A Gustav sembrava fin troppo semplice, eppure Drago se la rideva.
«Che cazzo ridi, Adolfoy?! Ti possiamo ammazzare in scioltezza in qualsiasi momento!»
Drago si alzò in piedi, si mise un mantello bianco e rispose:
«Non vi sembra strano? Secondo voi perché mai i Gigimon più potenti si sono inchinati a me e mi hanno aiutato a schiavizzare Gigiworld?»
A rispondere fu Akulmon che non si trattenne.
«Li hai spompinati? Eh biondino?»
Gustav anche in un momento del genere non riuscì a non ridere alla battuta di Akulmon.
Adolfoy era parecchio irritato da quel Gigimon sfrontato.
«Tutti mi temono perché io posso evocare il possente Basilicomon!!»
Akulmon smise di fare lo scemo per un attimo e si bloccò dalla paura, riuscì solo a mormorare: «N-non è possibile… Basilicomon è solo una leggenda di 5000 anni fa… Il mostro dell'apocalisse…»
Gustav non riuscì a trattenere il suo commento in proposito.
«Ellamadonna».

Capitolo 38

Il mostruoso essere

Adolfoy si alzò in piedi, lasciando cadere il mantello con cui aveva nascosto, fino a poco prima, un bastone in ferro battuto. Lo sbatté a terra, creando un tumulto che si propagò per tutta la sala. La forma nodosa e ricca ricordava il ventre di un serpente arrotolato su di un ramo e la testa di questo era arricchita di due grossi rubini che fungevano da occhi. Gustav, scosso dapprima per l'onda generata dal bastone che toccava il suolo, si rimise dritto, assumendo una postura di sfida, come a voler dimostrare di non avere paura di Adolfoy e delle sue chiacchiere da signore dell'Apocalisse. I rubini che fungevano da occhi del bastone caddero a terra, producendo un tintinnio che si propagò per il palazzo, attirando l'attenzione dei Gigimon sgherri. Tutti si fermarono, anche il clown che stava sferzando colpi su colpi contro Blancomon e Den.
A quell'arresto, i due pensarono di poter sferrare l'attacco decisivo, se non fosse stato che i loro piedi sembravano attaccati al suolo. Lì giù nelle segrete, un Fexmon si fece il segno della croce, mentre gli altri Gigimon imprigionati si accucciarono negli angoli delle loro celle, sperando di poter restare nascosti grazie all'oscurità sovrastante.
Ron continuava a fissare Diavomon, che intanto sorrideva malignamente, intimando al suo ex compagno di aspettare e godersi lo spettacolo. Akulmon cacciò un urlo spaventato, mentre Gustav non riuscì più a trattenere lo stupore. Le due gemme, che fino a qualche momento prima stavano ferme ai piedi dell'evocatore, cominciarono a tremare e dei fumi sanguigni si propagarono dalle stesse. La base si stava lentamente sciogliendo, risucchiando quel poco di solido che era rimasto dei rubini. I rivoli di sangue, adesso, scivolarono via, creandosi un passaggio tra le insenature del pavimento. Passarono tra le gambe ora non più solide di Gustav e lui li osservò, mentre strisciavano veloci sotto di lui producendo un suono simile ad un risucchio agitato e frenetico. Gustav fece per

seguirle, ma anche i suoi piedi erano attaccati al suolo. Il clown nero, invece, iniziò a dondolare come in una trance, sotto gli occhi dei suoi rivali che non riuscivano a comprendere cosa stesse accadendo e ignari del fatto che tutti i Gigimon alleati ad Adolfoy stessero eseguendo la stessa danza. I rivoli di sangue continuarono il loro percorso verso una grata situata nel pavimento, i cui fori erano incrostati di ruggine e alghe nere. Uno sciabordio quasi impercettibile seguì la caduta e da lì, così sembrava, non accadde più nulla. Adolfoy continuava a ridere, tenendosi la pancia per le convulsioni. Gustav non capiva perché stesse ridendo e chiese ad Akulmon delle spiegazioni.

«Non sta ridendo,» disse il dinosauro, tenendosi il moncherino con l'altra zampa, «sta evocando il mostro!»

Adolfoy si buttò a terra, mentre convulsioni lo assalivano completamente. Tremava e gli occhi gli si capovolsero del tutto. Gustav fece per prendere il fucile, ma gli cadde di mano. Una scossa dissestó l'intero castello. Dalla grata, un rombo come il motore di un aereo si fece sempre più intenso, come se strisciasse nel sottosuolo. Gustav lanciò uno sguardo inquisitore e spaventato ad Akulmon, che scosse la testa. Gustav, adesso, sapeva che quelle minacce non erano solo fumo, che Adolfoy sapeva davvero come evocare quel mostro che aveva chiamato Basilicomon. Inspirò profondamente e attese, conscio del fatto che probabilmente adesso era da solo, il suo compagno mutilato e nessun altro su cui contare. Uno scatto improvviso catturò la sua attenzione e da dietro Adolfoy, che aveva smesso di tremare, ma ancora emetteva dei gorgoglii confusi dalla bocca, il trono si spostò in avanti come se ci fosse un meccanismo, lasciando aperto un varco che aprì in due anche il tetto che sembrava essere l'unico elemento solido del castello. Nel buio di quell'antro, si riflessero due punti rosso sangue. Il muso rugoso e incrostato della bestia si fece avanti, cautamente, allargando le narici e serrandole come a voler annusare quella nuova realtà, la libertà dalle catene del tetro sottosuolo. La lingua spessa e incrostata di sangue spostò il trono fino a frantumarlo e un sibilo diabolico fuoriuscì da quella bocca assassina. La testa del mostro era gigantesca. Così grande da occupare quasi tutta la sala. Uscito a metà dalla sua caverna, il mostro si issò sul ventre spesso e squamoso, ricoperto da una strana membrana rossastra. Il mostro sovrastò Gustav e Akulmon, spaventati e increduli della maestosità e enormità della bestia.

Oramai, anche il cielo sembrava essersi rimpicciolito in confronto al Basilicomon, che aprì le fauci e la terra ritornò a tremare.

***

Al piano di sotto Naziomon e Blancomon erano rimasti bloccati.
Dopo qualche secondo, Den riuscì a muoversi e provò far tornare in sé il suo Gigimon.
«Ripigliati frà, dobbiamo distruggerlo ora che è fermo!» urlò Den, scuotendo l'amico.
Naziomon e Blancomon si guardarono tra di loro.
«Bene bene... ora che l'hanno liberato, per voi è finita...» disse Naziomon.
«Den... questa lotta non ha più senso...» disse Blancomon, voltandosi verso l'uscita del castello.
A quel punto, Den attaccò da solo Naziomon, provando un pugno secco, ma il Gigimon lo fermò con facilità e lo lanciò via.
«Den, non hai sentito?! È inutile... abbiamo perso» disse Blancomon, stupito.
«Blancomon! Ti racconterò una storia...» Rispose Den sanguinante, mentre provava a rialzarsi.
«La storia di un ragazzo di colore... vittima di bullismo a scuola, il padre lo picchiava a casa e la madre se n'era andata via quando lui era ancora in fasce. Quel ragazzo sognava di cambiare il mondo e renderlo un post-» Den venne fermato da Naziomon.
«Guarda che il tuo amico se n'è andato...»
«Figlio di una puttana succhiacazzi, sei il Gigimon più rincoglionito che abbia mai visto, fallito di merda» Disse Den, incazzatissimo.
A quel punto una luce riempì l'entrata, diventando sempre più forte.
Blancomon aveva preso una rincorsa della madonna ed aveva preparato il suo pugno più forte.
Den capì al volo e si lanciò dietro Naziomon, afferrandolo e tenendolo fermo.
«Inculalo per bene! Tienilo fermo, Den, non deve muoversi! Anche se il mio colpo potrebbe ucciderti...» Disse Blancomon.
«Cosa?!» Den non fece in tempo a spostarsi che Blancomon colpì i due.

Il pugno infuocato di Blancomon distrusse lo stomaco di Naziomon, facendo volare fuori tutte le budella.

La potenza era tale che il Gigimon non riuscì fermare il suo colpo (o forse ci poteva riuscire senza problemi, ma decise di non provarci…) e colpì anche Den Tommaso.

Den era per terra, Blancomon sputò prima sui resti di Naziomon, poi in faccia a Den.

Quando fece per andarsene, una voce lo fermò.

«Blancomon…»

Era la voce di Den.

Blancomon corse verso di lui e vide, sotto la canotta bianca di Den, una bibbia distrutta.

«Den! Sei vivo…»

«La bibbia di mio padre…» rispose Den.

«Sì sì, un giorno mi racconterai quella storia» Disse Blancomon, fingendosi preoccupato per lui.

Blancomon allungò la mano per aiutare Den a rialzarsi, ma appena questo provò ad afferrarla la ritirò indietro, grattandosi il culo per poi dargli una carezza sulla nuca.

Capitolo 39

Aldilà del bene e del male c'è il potere dell'amicizia

Un ruggito spaventoso sorvolò il campo di battaglia, quel mostro gigantesco dall'aspetto di un serpente reggeva Adolfoy sulla sua nuca. Stava cavalcando un essere dalla potenza disastrosa.

Basilicomon strisciava a una velocità come quella di un treno in mezzo al campo di battaglia, travolgendo e, a volte, ingurgitando dopo averli dilaniati tutti i Gigimon che incontrava sul suo cammino. Perfino i suoi alleati.

«Akulmon, fai qualcosa!» gridò Gustav mentre dalla cima del castello, ormai privo di un soffitto, si rivolgeva al suo compagno che stava fissando la scena.

«Ma cazzo, sei serio?! Sono un coccodrillo bipede monco e devo fermare il Drago delle sette sfere di tua madre puttana?!».

Gustav non poteva dargli torto. Cercava di pensare a una soluzione, ma la forza di quel mostro era impareggiabile.

«Forse ho un piano… Impugna la spada…»

Akulmon guardò Gustav con rabbia, come se avesse capito il suo piano, ma lo accettò come unica soluzione e raccolse la spada con la zampa sinistra.

«Se dovessi morire… Voglio che tu sappia…». Akulmon non riuscì a concludere ciò che stava dicendo che Gustav tirò fuori la bacchetta e fece l'unico incantesimo di sua conoscenza.

«Vuingardium leviosaàhhh!», così Akulmon iniziò a volare contro la sua volontà e contro lo stesso Basilicomon.

In volo, il Gigimon, concluse la frase «CHE HAI LA MAMMA PUTTANAAAA!»

***

Nelle segrete del castello la sabbia penetrava dal soffitto come all'interno di una clessidra.

Troiomon provò a lanciare qualche frustrata a Diavomon e, subito dopo che lui scansò il colpo con un dito, continuava a proporgli servizi sessuali per evitare di essere massacrata.

Diavomon lanciò il suo forcone e trafisse Troiomon sull'addome con tutte e tre le punte. Hermagone scoppiò in lacrime correndo in soccorso alla sua amica e Ron approfittò del rumore per scorreggiare.

Diavomon aveva ormai liquidato sia Ranomon che Troiomon, restavano solo i due ragazzi come ultimo ostacolo.

Ron tirò fuori la bacchetta magica (nessun doppio senso qui eh...) ed Hermagone lo notò, quasi confortata dal fatto che non tutto fosse perduto.

«E così, Ron, hai deciso di affrontarmi proprio tu...» disse Diavomon mentre camminava verso Troiomon per riprendersi il forcone.

«Angelomon! Non ti avvicinare a lei! Le hai già fatto molto male!» gridò il ragazzo in sovrappeso spezzando da solo la sua bacchetta senza un chiaro motivo.

Sentendosi chiamare con quel nome, Diavomon in meno di un secondo percorse la decina di metri che lo separavano da Ron e lo afferrò per il collo.

«Io ti odio più di chiunque altro! Non sono Angelomon, non lo sono mai stato davvero! Era tutta una recita! Io sono Diavomon, il Gigimon del male!»

Diavomon iniziò a sferrare dei potentissimi pugni sulla propensa pancia del ragazzo rosso di capelli, costringendolo a sputare un misto di saliva e sangue.

Poi lo scaraventò per terra e preparò una sfera di luce viola nella sua mano, pronto a finire quel povero obeso.

Ron però afferrò una caviglia di Diavomon con le sue ultime forze e lo guardò come se stesse guardando il suo ultimo tramonto.

«Angelomon...» disse con voce straziata Ron, tossì altro sangue e, mentre Diavomon si era bloccato per un attimo, proseguì il discorso:

«Tutti noi abbiamo un lato buono e uno cattivo, nessuno è completamente malvagio... Tu come tutti noi hai entrambi questi poli, ma tu sei mio amico...».

La sfera nella mano di Diavomon si ingrandì e con l'altra mano lo risollevò per la testa ruggendogli contro.
Ron mise la sua mano sopra a quella che Diavomon stava usando per sollevarlo.
«Io sono tuo amico…»
Diavomon lo lasciò cadere nuovamente.
«Io non ho amici! Io sono malvagio, lo capisci o no, coglione?!».
Ron si rialzò ancora una gamba alla volta.
«Tu hai del male dentro di te ed essendo fatto così è impossibile che tu possa farti amici in questo modo. Ma qualcuno DEVE accettarti per quello che sei… Io ti accetto. Perché sei il mio amico e ti voglio molto bene…»
Disse Ron e con le ultime forze si spinse verso Diavomon abbracciandolo.
Delle gocce rimbalzarono sul pavimento, ma non era sangue di Ron questa volta, bensì lacrime di Diavomon.
Il Gigimon dall'aspetto oscuro abbracciò Ron ed entrambi furono avvolti da una luce d'oro e azzurra allo stesso tempo.

Capitolo 40

Rivelato il piano di Adolfoy: La fase Z

Adolfoy, aggrappato al leggendario Basilicomon, aveva creato il panico sul campo di battaglia.

Un piccolo Gigimon volante si avvicinò al ragazzo ariano, era il messaggero di corte.

«Signorino, manca poco e possiamo agire» disse con una stonata voce il servo.

«Avvisa tutti gli schiavi, cominciamo con la *fase Z*»

Il servo volò via e con uno schiamazzo davvero fastidioso da sentire gridò sopra i soldati. Successivamente volò dietro il castello, dove una gigantesca trivella stava roteando sul suolo, spinta da un sacco di Gigimon incatenati.

Accanto alla trivella erano presenti dei Nerdmon, direttamente dalla città di Nerdolandia (la città della rapina in banca da parte dei nostri eroi).

I Nerdmon indossavano un ridicolo camice bianco, degli occhiali ed erano tutti timidi e introversi.

Quando il messaggero stonò il suo verso, tutti cominciarono a correre verso i propri posti, pronti ad avviare qualcosa di spaventoso.

Gustav aveva richiamato Akulmon con il suo incantesimo per saltarci sopra e volare sul suo dorso. Stavano intanto seguendo Adolfoy, svolazzando per aria a testa all'ingiù, sbattendo ovunque. Più facile a dirsi che a farsi.

Adolfoy li vide svolazzare in maniera imbarazzante attorno al suo titano.

«Non l'avete ancora capito?! È troppo tardi, avete perso! Il mio piano ha avuto successo!» Urlò Adolfoy, preso dall'eccitazione.

I due si guardarono tra di loro, senza capire.

«Ehi Akulmon, questo ha perso del tutto la testa» disse Gustav.

«Sì, sì, non ci sta più» rispose Akulmon.

Adolfoy fece cenno al Basilicomon di salire, così il mostruoso Gigimon si elevò sopra tutti i presenti, guardandoli dall'alto.

Si alzò anche in piedi, rischiando di scivolare, ma fece finta di aver saltellato per arrivare prima, sorridendo.

Si mise sulla testa di Basilicomon, aprì le braccia al cielo e divaricò le gambe.

La sua armatura dorata venne illuminata da un filo di luce tra le nuvole.

Den e Blancomon uscirono dal castello dopo aver battuto Naziomon, e si fermarono a guardare il tutto al portone.

La luce riflessa sull'armatura di Adolfoy colpì proprio Den, accecandolo per un attimo e facendolo spostare più a destra, per poter guardare.

Malfoy si posizionò meglio e il riflesso del sole sull'armatura colpì di nuovo Den, il quale si spostò una seconda volta.

«Miei schiavi!» Disse Adolfoy.

Tutti i Gigimon alzarono le loro armi verso di lui urlando, finché egli non fece segno di silenzio.

Proseguì.

«Oggi, dopo anni di fatica, abbiamo finalmente completato il nostro lavoro. Nei centri del mio Nuovo Ordine verrà allevata una serie di Gigimon che conquisterà il mondo. Io voglio dei Gigimon che compiano grandi gesta, dominatori, terribili. Dovete essere tutto questo.

Esistono razze elette e superiori, come lo sono io, destinate a comandare. Altre invece, inferiori, destinate a servire. Voi. Oggi faremo la storia. Oggi, noi, abbiamo conquistato totalmente Gigiworld. Ma non è finita qui. Perché da oggi partirà una nuova conquista. La conquista del mondo umano!»

Tutti i Gigimon di Adolfoy riempirono il suo silenzio con delle urla di gioia, sostenendolo fino alla morte.

Gustav e Akulmon rimasero scioccati dal suo discorso.

La "*fase Z*" era la conquista del nostro mondo.

Den non aveva capito un cazzo, poiché per tutto il discorso continuava a coprirsi per il riflesso accecante, mentre Blancomon stava di nuovo perdendo le speranze.

All'improvviso la terra cominciò a tremare.

Un fascio di luce illuminò il cielo, di fronte ad Adolfoy. Una luce proveniente dal retro del castello.

Si formò un piccolo buco nero, risucchiando le nuvole attorno e facendo alzare un polverone.
I valorosi Gigimon che si stavano scontrando con i soldati di Adolfoy cominciarono tutti ad arrendersi, cadendo a terra impotenti mentre il nemico ne approfittava e gli attaccava.
Sembrava ormai finita, una battaglia disastrosa.
Però qualcuno non aveva ancora ceduto alla potenza di Adolfoy.
Qualcuno che poteva ancora combattere questo terribile mostro.

Capitolo 41

Il salvatore mandato dal cielo

La terra tremò nuovamente. Un'intensa luce cremisi si aprì diventando un anello che sembrava proprio un varco dimensionale.

Hermagone e Troiomon erano appena corse fuori dalle segrete e raggiunsero Den e Blancomon davanti all'ingresso del castello.

Den fu il primo a vedere quella ragazza di colore avvicinarsi e ne rimase affascinato.

«DEN!» esclamò lei. Lui ovviamente non la riconobbe, ma fece finta di conoscerla per non perdere la possibilità di provarci, così la abbracciò.

«WEILA, CARISSIMA! Da quanto tempo!» disse Den con uno strano accento milanese.

«Coglione è Hermagone...» gli suggerì il suo Gigimon. Den non ci stava più capendo un cazzo. Ma non fece domande per non fare brutte figure. Così sussurrò ad Hermagone: "Tranquilla, ora è tutto finito".

Ma questa volta ad intervenire fu Troiomon.

«Scusate, eh... Ma a me sembra che non sia finita proprio per niente... Anzi sembra che l'unica cosa che stia per finire sia l'esistenza su Gigiworld...»

Hermagone si staccò dall'abbraccio di Den (che non mollò subito la presa e guardò verso il cielo).

I Gigimon alati dell'esercito di Malfoy stavano trasportando quelli terreni dentro a quell'anello cremisi con all'interno una specie di cosmo. Intanto Basilicomon stava divorando e calpestando come formiche gli alleati dei nostri eroi. Inutili i proiettili di Gustav, che a malapena riusciva a far volare il suo Gigimon senza sbandare, sulle squame del mostro.

Ad un certo punto, Gustav finì pure le pallottole del fucile e lo gettò via, ma nel farlo si dimenticò dell'incantesimo per far volare Akulmon e i due precipitarono da 20 metri rompendosi probabilmente qualche osso.

Adolfoy vide la scena e scoppiò a ridere.

La situazione era critica: gli alleati ancora vivi erano sempre meno e sempre più senza speranza, Den e Blancomon erano sfiniti, Gustav e Akulmon stavano già iniziando a pensare alla pensione di invalidità nel caso fossero sopravvissuti e come se non bastasse l'enorme Basilicomon seminava distruzione sul campo di battaglia mentre gli altri seguaci di Adolfoy oltrepassavano il portale dimensionale in attesa che si aprisse pure nel nostro mondo per poter iniziare l'invasione.

Gustav si rialzò riuscendo a malapena a inginocchiarsi, mentre Akulmon che gli aveva attutito la caduta non si riusciva nemmeno a muovere.

Drago fece un cenno a Basilicomon che portò il muso all'altezza di Gustav e dopodiché scese dalla testa del suo enorme Gigimon con un salto per andare verso Gustav con la sua luccicante armatura d'oro.

«Lafav. Ti sei battuto bene per tutti questi anni, ma ora è finita. Chi l'avrebbe mai detto che un coglione come te avrebbe mai potuto guidare un esercito? Mi hai anche ucciso i miei quattro grandi generali. Ora sono un po' a corto di personale.»

Drago tirò fuori un coltellino dalla lama d'argento e il manico in oro puro e con la sinistra prese Gustav per la gola "aiutandolo" a sollevarsi.

«Scegli, vuoi diventare uno dei miei nuovi generali o preferisce morire come tutti questi pidocchi?»

Gustav a malapena riusciva a tenere aperti gli occhi, e con grande fatica provò a rispondergli.

«Senti…» Gustav riprese un attimo il fiato e continuò una parola alla volta: «Adolfoy…».

Drago alleggerì la presa per lasciarlo rispondere più rapidamente.

«Quindi?! Cosa?!» si spazientì il ragazzo ariano.

«Perchè non mi succhi un po' il cazzo?!» rispose Gustav con un urlo stremato.

In quel momento Adolfoy fu accecato dalla rabbia, ma non fece in tempo a colpire Gustav con il suo coltello che fu accecato pure da un pugno di 100kg.

Ron aveva colpito Adolfoy con un destro in pieno viso.

Gustav ne fu sorpreso, Basilicomon ne fu irritato, tanto che ruggì ai ragazzi, ma fù anche lui fermato da una voce che veniva dall'alto.

«Forze oscure! Io sono qui per annientarvi!».

In mezzo a quelle nubi nere scese un'aura di luce che illuminava un Gigimon maestoso, forte, splendido come un miracolo: bello da Dio insomma. Era Angelomon, rinato grazie al potere dell'amicizia.

Angelomon con il suo scettro d'oro risplendente volava sopra le truppe di Adolfoy lanciando raggi di luce che ne polverizzavano una trentina alla volta.

Basilicomon strisciò con una velocità incredibile in direzione del suo nuovo avversario e Angelomon quando se ne accorse non ebbe paura.

L'angelo contro il serpente. Era scritto.

Hermagone intanto raggiunse Ron contentissima che fosse ancora vivo e stavolta fu lei a piombargli tra le braccia con Den e Blancomon dietro che non riuscirono a tenerle il passo vista la loro condizione.

Ron guardò Hermagone dritta negli occhi, gli occhi di Hermagone tremavano ed erano impregnati di lacrime gioiose.

Hermagone sentì il vento accarezzarle i capelli e spingerla sul collo per farla avvicinare al viso di Ron, chiuse gli occhi e si lasciò andare.

Ron la fermò toccandole la faccia con il palmo della mano. Lei allora aprì gli occhi senza capirne il motivo e sempre inaspettatamente Ron si fece avanti. I due si baciarono, con la luce di Angelomon che offriva uno sfondo di speranza e amore.

Il romanticismo durò solo un paio di secondi poiché, dopo, Ron iniziò a piazzarle le sue grasse mani sul culo e tirò fuori la lingua come un assatanato.

Adolfoy si rialzò nel frattempo e non fece in tempo a correre verso Ron che fu rimesso giù da un gancio in faccia di Gustav Lafav.

«Allora stronzetto… A fare il bulletto con gli sfigati ti diverti, ma vieni a fare a botte con me che sono un sudamericano. Ti apro il culo in una maniera allucinante.» Gustav zoppicando si avvicinava ad Adolfoy che sputò con odio la prima perdita di sangue della sua vita.

Drago voleva approfittare del fatto che Gustav avesse una gamba e forse anche un braccio rotto (più qualche costola incrinata) prima di colpire.

Ron corse in modo imbarazzante verso Drago, lo afferrò dalle spalle stringendolo attorno alla vita con le sue grosse braccia e

Gustav iniziò a prenderlo a pugni. Lo stavano pestando all'americana.

Basilicomon nel frattempo spalancò le fauci ricoprendo un diametro di 10 metri da cui fuoriscivano saliva e veleno, oltre a una lingua biforcuta che sembrava non stare mai ferma.

Angelomon non aveva paura di un cazzo, era troppo un duro, e gli sferrò un raggio di luce bianca in bocca utilizzando il suo pugno (se non pensate a doppi sensi è davvero un'immagine epica per uno scontro).

Basilicomon sembrava però invincibile, fu colpito in pieno e ne soffrì lamentandosi con un sibilo che lo scosse per qualche secondo, ma non si era fatto nemmeno un graffio.

Angelomon però continuò a volare. Non sembrava quel Gigimon il suo problema.

Il Gigimon angelico volò fino al portale che si trovava sopra ai ragazzi.

«Voi, Gigimon malvagi, sarete puniti! La luce vi purificherà! Sfera della luce divina dal Vangelo secondo Luca!!» Angelomon creò una sfera luminosa davanti a sé che guidò con un movimento dello scettro verso il portale. Si sentì un grido da parte dei Gigimon che vi stavano entrando in quel momento e un grande lampo squarciò il cielo.

Ci fu un rumore assurdo e Den ne approfittò per scoreggiare con nonchalance.

Il portale implose e si chiuse con uno scoppiò.

Angelomon scese in volo verso Ron e dalle sue ali sembrava uscire della polvere lucente.

Ron lasciò la presa su Adolfoy, pieno di lividi, che ne approfittò per correre al riparo lontano dal ragazzo in sovrappeso.

Angelomon investì anche Gustav e Akulmon con un raggio luminoso e loro, miracolosamente, guarirono del tutto, tanto che ad Akulmon si rigenerò completamente perfino la zampa destra.

Stranamente però Angelomon sembrava che stesse svanendo come se ormai fosse pure lui fatto di luce.

«Ron… Ti ringrazio. Tu mi hai insegnato il valore dell'amicizia.»

Ron lo fissava, ma non ci capiva proprio un cazzo. Gustav se ne accorse e allora fu lui a rispondere al Gigimon.

«Angelomon, aspetta! Vuoi dire che ti sei appena sacrificato per chiudere   il   portale?»

«Gustav. Tu e Akulmon siete l'unica speranza di Gigiworld. La profezia delle antiche scritture parlava di un giorno in cui il male avrebbe trionfato. Non c'era scritto che per forza dovesse finire il mondo.

Anche voi due rappresentate il male: siete due infami apatici e volgari, ma siete un male minore rispetto ad Adolfoy e Basilicomon. Quindi per la salvezza dei due mondi, voi dovrete sconfiggerli e l'unico modo per farlo è il potere dell'amicizia.»

Angelomon questa volta si dissolse nel nulla lasciando cadere solo il suo scettro che restò materiale, Ron forse ci rimase anche male nel vedere il suo migliore amico sparire.

Questo è anche l'ultimo capitolo in cui descriviamo un'eventuale morte di Angelomon.

Capitolo 42

Il miracolo

Un disastroso campo di battaglia circondava Gustav e Akulmon, fronteggiati da Adolfoy e Basilicomon.

Drago si era ripigliato dalle botte che aveva preso ed era pronto per il contrattacco.

«Akulmon, non abbiamo speranze, visto che sei un Gigimon di merda, quindi dobbiamo giocare di furbizia…» disse Gustav.

«Però mi scopo tua madre» Akulmon fece appena in tempo a finire la frase che una codata di Basilicomon lo colpì in pieno, facendolo sbattere contro il castello.

Il potente Gigimon di Drago ritornò in posizione e coprì il suo comandante, fermandosi sopra di lui.

«Basilicomon, finisci questi due stronzi» disse Adolfoy, indicando Gustav che tirò fuori la bacchetta e cominciò a lanciare incantesimi alla cazzo di cane. O meglio, solo quello che conosceva:

«Vuingardium leviosaàhhh! Vuingardium leviosaàhhh»

Riuscì quasi a creare una barriera di pietre svolazzanti, ma Basilicomon aprì le fauci e lanciò una potentissima sfera di energia, distruggendola facilmente.

Gustav però era sparito.

«Dove cazzo è finito?!» chiese Adolfoy, guardandosi attorno.

Ron socchiuse gli occhi e, posizionando la mano dritta in orizzontale sopra la fronte provava a guardare in lontananza, cercando l'amico.

In quel momento Akulmon si lanciò verso Adolfoy, provando ad accoltellarlo ma, ingenuamente, fu troppo lento per Basilicomon, il quale lo colpì di nuovo con la coda mentre era ancora per aria.

D'un tratto dalle macerie sottostanti spuntò Gustav proprio sotto Drago Adolfoy, riuscendo a colpirlo al mento con un potente pugno.

Drago però riuscì a mantenersi in piedi, pur perdendo per un attimo l'equilibrio.

«Come hai osato, Lafav... Tu... miserabile...»
Basilicomon aprì di nuovo le fauci per colpirlo con una sua sfera di energia, ma Drago lo fermo.
«Coglione, rischi di colpire anche me!»
Gustav provò di nuovo a colpirlo, ma questa volta Drago schivò il colpo, quasi per culo, e ne approfittò colpendolo allo stomaco, probabilmente rompendogli qualche costola.
«Gustav!» Akulmon corse verso l'amico ma si scontrò con un Fexmon col braccio rotto che proprio in quel momento stava attraversando le macerie tra Akulmon e Drago.
Entrambi caddero per terra, il Fexmon ne fu molto irritato.
«Ma guarda dove vai, vecchio!» urlò il Fexmon con la sua morbida voce.
«Che cazzo ti metti in mezzo tu, non vedi che stiamo combattendo?!» rispose Akulmon sbraitando.
«Ma va in mona vecchio, vara te che gente!» Disse il Fexmon rialzandosi e stringendosi il braccio, proseguendo per la sua strada.
Distratto dal Fexmon, Akulmon riportò la sua attenzione sul povero Gustav, ma notò che non si trovava più lì. C'era solo Adolfoy con dietro Basilicomon.
Pensò che Gustav fosse stato divorato, preso dalla rabbia si accasciò al suolo, tirando dei pugni per terra.
Una lacrima accarezzò il suo viso, ma subito dopo sentì la voce dell'amico.
«Ma che cazzo fai coglione?!» urlò Gustav, che nel frattempo si era allontanato velocemente.
La lacrima di Akulmon si staccò dal viso e svolazzò per aria.
«Ma cos...»
La lacrima si allontanò e raggiunse lo scettro di Angelomon, che lasciò cadere prima di sacrificarsi.
Nessuno però riuscì a vederla più, dopo che la lacrima prese il volo, quindi non ci fecero molto caso.
Solo Ron continuava a vederla. Stringendo bene gli occhi riuscì a seguirla, poi guardo il cielo sorrise e disse:
«Grazie di tutto, Angelomon. E grazie anche a te, Rocky»
Improvvisamente partì una schitarrata elettronica da non si sa bene dove, Ron prese paura e cominciò a singhiozzare, mentre Akulmon venne illuminato da una strana luce.
Tutti i Gigimon, nemici e non, furono attirati da quella chitarra elettrica.

Akulmon improvvisamente ed inspiegabilmente cominciò a girare su se stesso.

«Ma che cazzo stai facendo?! Fermati, che sembri un malato, cazzo» disse Gustav, spaesato.

«Fermami cazzo, non riesco a controllare il mio corpo! Si muove da solo!»

Gustav provò ad afferrarlo ma venne tirato via e cadde per terra come un coglione, provocando la risata di Ron, tra un singhiozzo e l'altro.

«Ehi Gustav, il tuo Gigimon non capisce più un cazzo ah ah ah!» Disse Adolfoy, tra le risate generali degli altri Gigimon.

La luce intorno Akulmon diventò accecante, qualcosa di incredibile stava per accadere.

Capitolo 43

Sfondando i cieli

«AKULMON GIGIEVOLVEEEEEEE» Akulmon gridò questa frase continuando a ruotare su se stesso finché non entrò in un uovo di luce che era in continua espansione. Finché non raggiunse quasi dieci metri di altezza e si sentì un vocione pauroso.

«GEYMON» la luce svanì e ciò che rimase fu sorprendente. Un enorme tirannosauro rosso con un elmo nero che gli copriva pure un paio di corna apparve e con un ruggito sollevò un vento tale da far tremare le macerie.

L'attenzione di tutti era rivolta verso quel gigantesco essere.

Ron commentò semplicemente con: "ecco la Gigievoluzione".

Gustav guardò quel mostro.

«Akulmon?! Sei tu?!»

«ADESSO SONO GEYMON» rispose col vocione rauco il nuovo Gigimon.

«Gaymon? Ahahah! nel senso che ora prendi Basilicomon e provi a infilartelo nel culo partendo dalla coda?» a questa battuta di Gustav risero tutti, anche i nemici, fatta eccezione per Adolfoy che sembrava rimasto paralizzato.

Geymon sbattè la zampa sul suolo sollevando un enorme polverone.

«FATELI I SIMPATICI CHE POI VI INGOIO PRENDENDO SPUNTO DALLE VOSTRE MADRI».

Blancomon era rimasto stupefatto da quella Gigievoluzione, così chiamò l'attenzione di Den.

«Den ho capito! Ora ci provo pure io!» e iniziò a girare su sè stesso anche lui gridando: «Blancomon Gigievolveeeee...».

Lo fermò il suo amico Den facendolo finire per terra con uno sgambetto gridandogli: «Un cazzo di nessuno mon!!».

Adolfoy intanto si riprese e ordinò a Basilicomon di attaccare.

Il gigantesco mostro spalancò le fauci avvelenate e puntò al collo di Geymon che, però, riuscì a impedirgli di chiuderle afferrandolo con i suoi artigli.

«Non è possibile!» gridò Adolfoy.

«Ora non fai più il figo eh?!» lo provocò Gustav.

Geymon stesso era sorpreso della sua forza.

«NON POSSO CREDERCI: IO SONO FORTISSIMO... MI SENTO IMBATTIBILEEE! COSÌ È QUESTA LA FORZA DELLA GIGIEVOLUZIONE?! È STRABILIANTE! SONO INVINCIBILE! CHIUNQUE SE LA VEDRÀ CON ME SARÀ SCONFITTO! SONO IL PIÙ FORTE! NON SONO MAI STATO COSÌ POTENTE! GWAHAHAHA!»

Basilicomon approfittò del momento di euforia di Geymon per generare un'onda nera dalla bocca che lo colpì in pieno scaraventandolo via e causando un grande rumore.

«No! Geymon!» gridò il suo amico Gustav.

Geymon era caduto a pancia in su in una posa imbarazzante che non rendeva giustizia al suo aspetto minaccioso.

Si rialzò incazzato nero e iniziò a correre verso Basilicomon come un tirannosauro verso la preda.

Basilicomon non si tirò indietro, anzi, sfrecciò strisciando verso Geymon.

I due titani si scontrarono con una testata e subito si scambiarono qualche colpo utilizzando la coda come se fosse una sciabola.

Facevano avanti e indietro tirandosi testate e causando il tremare della terra.

Gustav guardò quello scontro epico e si rivolse a Drago: «È arrivato anche per me il momento di suonartele, biondino!», ma quando si voltò vide che Adolfoy non c'era più. Si sarà nascosto la merda? Intanto Geymon era riuscito ad afferrare per il collo il possente Basilicomon e iniziò a ruotare su se stesso come fanno i coccodrilli una volta afferrata la preda.

Basilicomon non riusciva a liberarsi dalla presa e fu succube di quella dolorosa rotazione ferendo la sua precedentemente invulnerabile pelle squamosa.

Basilicomon rimase a terra per qualche secondo e Geymon ne approfittò.

«DAL TERZO ANELLO, OH MY GOD! WATCHA WATCHA, DIN DIN DIN!»

E si tuffò come un Wrestler con un gomito addosso all'enorme serpente che sibilò dal dolore.

Poi con gli artigli inziò a graffiarlo squarciando lentamente la sua resistentissima epidermide e facendolo sanguinare.

Con la coda, però, Basilicomon colpì Geymon ferendolo su una spalla e questo fu costretto a fare qualche passo indietro.

«Coraggio Geymon, suonagliele a quel dildo gigante!» lo incitava Gustav.

«È tutto inutile!» lo interruppe Adolfoy che stava volando sopra a un suo Gigimon dalle sembianze di un grande corvo.

«Questo combattimento, il sacrificio di Angelomon… È tutto inutile! Ora riaprirò il portale per il nostro mondo, da quando ho questo potere posso farlo quando mi pare! AH AH AH!»

Adolfoy scosse nuovamente il suo bastone che sprigionò una scintilla color rubino e iniziò a soffiare un vento di tempesta.

Capitolo 44

Ritorno

In poco tempo la situazione era tornata tragica.

Adolfoy si stava preparando ad aprire il portale un'altra volta, mentre Geymon e Basilicomon si scannavano di brutto.

Blancomon ormai stava perdendo la testa, si era già arreso due volte ed entrambe le volte era riuscito a ritrovare la speranza.

Alla terza non ci capiva più un cazzo.

Adolfoy spalancò le braccia ed urlò «Aprite il portale!»

Appena finì la frase Gustav lo afferrò allo stomaco e caddero, il messicano lo bloccò per terra e cominciò a tirargli una raffica di pugni velocissimi.

Per la seconda volta il portale cominciò ad aprirsi, Gustav si fermò e vide sopra di lui un buco aprirsi mentre il vento si alzava. «QUANTE VOLTE VE LO DEVO DIRE, AVETE PERSO!» Urlò Drago, sanguinante, a Gustav sopra di lui. «Gustav, la smetti di scoparti Adolfoy? Facciamo il culo a tutti, sconfiggiamoli uno ad uno, così non potranno entrare nel portale!» Disse Geymon, correndo sotto di esso.

Ogni Gigimon che si avvicinava al portale, Geymon lo annientava divorandolo con le sue zanne. «Sconfiggeremo tutti questi parassiti!» disse Gustav, prendendo forza.

Questo durò solo pochi secondi, poiché Basilicomon arrivò in volo ed afferrò Geymon, trascinandolo via. Le due bestie cominciarono di nuovo a combattere tra di loro, mentre gli altri Gigimon attraversavano il portale. Incredibilmente, lo fecero anche quelli buoni, forse curiosi di vedere al di là del portale, ormai tutti lottavano per abbandonare quel mondo. «Hermagone, Den... Andiamo, ora che è tutto finito dobbiamo tornare a casa» Disse Ron, sorridendo. «Ma se stiamo perdendo! L'unico che sta combattendo è Gustav! Vuoi lasciarlo qui con Drago?!» chiese Hermagone. «Lui ce la farà... noi andiamo dall'altra parte e cerchiamo di sconfiggere quelli che attraversano il portale...» Disse Blancomon, riprendendosi dai vari traumi subiti.

Così Den, Blancomon ed Hermagone attraversarono il portale, tornando nel mondo normale.

Attraverso un tunnel formato dai colori dell'arcobaleno sparafleshati continuamente, arrivarono a Nigga Island.

Ron arrivò per primo, in preda a un potente attacco epilettico, poi Den, Hermagone ed infine Blancomon, più rincoglionito di prima.

Quando Ron si riprese, pensò di essere finito all'inferno e si strappò una ciocca di capelli con le mani.

Nigga Island era ridotta in macerie: c'erano ovunque Gigimon che correvano a caso e combattevano tra i loro, alcuni volavano alla conquista di nuove terre.

I Gigimon stavano ormai conquistando il nostro mondo, e continuavano ad arrivarne sempre di più, attraverso il portale.

Improvvisamente, Ron sentì una voce familiare e si calmò. «Minchia Godo, guarda quel coso tutto grasso! È uno di loro anche lui?! Minchia power sta cosa, da fine del mondo! Pauraaaa!»

Lì in fondo c'erano Jerry, Godo, Stilente e Ganjalf.

Si erano nascosti dietro un muro, e stranamente non combattevano più tra di loro. «Raga fermi tutti, ma quello lo conosco! Quel frà è Den Tommaso, un venditore di rose della nostra scuola! Den, vieni qui!»

Tutti corsero dietro al muro, Ron andò da Jerry e lo abbracciò forte, piangendo di gioia. «Zio che merda, levatemi sto obeso che mi sta strangolando!!»«Jerry, sei rimasto proprio uguale! Non sei invecchiato di una virgola!» Disse Ron, incredulo. «In effetti è vero... Anche voi altri, siete rimasti uguali, nonostante siano passati 10 anni...» disse Hermagone. «E questa sister chi è? Raga, siete tornati con una ragazza dal ghetto? E bravo Den Tommaso, bravo bravo» Disse Jerry, mimando il gesto della leccata di vagina, usando due dita per formarla. «Jerry, sono Hermagone...»«Ahahah, Porker, non mi avevi detto che la tua innamorata era nera!» Provocò il giovane Godo. «Ragazzi, cosa intendete con 10 anni? Siamo partiti da LasHogwarts solo qualche giorno fa... PER QUANTO HO DORMITO?!» chiese Stilente«Nel mondo Gigitale il tempo passa molto più in fretta. Qui da voi tre giorni, mentre da noi passano dieci anni» Disse Blancomon, facendo chiarezza. «Però non preoccupatevi, tra qualche ora il vostro corpo dovrebbe ringiovanire... dopotutto fate parte di questo mondo, e non potete

sfidare le leggi del tempo» Continuò il Gigimon di Den. «Raga minchia come siete invecchiati male… una è diventata nera, l'altro obeso, Den invece proprio come me lo aspettavo… un crimin…»
Jerry non fece in tempo a finire che un incantesimo colpì il muro, ferendo Godo sulla spalla.
Due forme in lontananza stavano combattendo tra di loro.
Erano il professor Pitone e Voldeporc.

Capitolo 45

L'assassino

Due lampi, uno rosso e uno verde si stavano scontrando tra loro. Uscivano dalle bacchette rispettivamente di Pitone e Voldeporc.

Jerry non ci capiva proprio più un cazzo. «Minchia, raga, che succede?! Non erano morti?! Il delirio qua!» esclamò il ragazzo occhialuto.

Corsero tutti nella direzione dello scontro, anche gli eroi arrivati dal mondo gigitale erano incuriositi.

Gli incantesimi finirono con un'esplosione e subito dopo Pitone fu il più rapido per lanciare nuovamente un incantesimo che colpì Voldeporc e lo scaraventò in mezzo a dei cespugli. «Pitone?!» urlò Stilente che era in dubbio di essere ormai colpito dalla demenza senile. «Immagino che abbiate delle domande da pormi...» furono le prime parole del professore, ma a rispondergli fu Den alzando il braccio. «Veramente a me non frega proprio un cazzo...» ma fu ignorato da tutti. «Partiamo da dove eravamo rimasti: io stavo indagando sull'assassino di Nigga Island.»

In quel momento Blancomon chiamò l'attenzione del suo partner con un colpetto e fece una faccia divertita. Severo Pitone proseguì: «L'assassino si muoveva silenziosamente nell'ombra e, più aspettavo a risolvere il caso, più persone morivano. Mi sono dovuto inventare qualcosa.

Essendo noi solo in dieci significa che se l'assassino ci avesse eliminati uno per uno, alla fine sarebbe rimasto faccia a faccia con uno di noi. Un omicida così malizioso che si prende un rischio del genere? No... Si sarebbe finto morto per lasciare due gruppi di persone che si fidano reciprocamente, come Jerry e Silente da una parte, Ganjalf e Godo dall'altra, per lasciare a loro il compito di uccidersi a vicenda. Ma questa era solo una teoria. Ho deciso di sconvolgere l'assassino inscenando la mia morte. Così ho fatto e se la mia teoria fosse stata corretta ero sicuro che l'assassino mi avrebbe cercato.

Ero nella mia stanza ad attenderlo, dove Voldeporc ha fatto in fretta a trovarmi, nonostante la sua agitazione. Esattamente: Voldeporc è l'assassino che ci stava eliminando uno per uno!»
Tutti rimasero sconvolti, perfino chi era appena arrivato da Gigiworld. Ma Jerry continuava a non capirci un cazzo, però fece finta di niente per non sembrare un coglione.

***

Nel frattempo a Gigiworld sembrava esser giunta l'apocalisse. La lava scorreva tra grandi macerie e non c'era nessuno in tutto il pianeta. Nessuno, fatta eccezione per Gustav e Geymon che stavano fronteggiando Drago e Basilicomon.
Gustav aveva ancora sotto di sé Drago e, nonostante il terreno si stesse facendo incandescente, non voleva mollarlo per continuare ad ammazzarlo di pugni.
Drago utilizzò uno stratagemma visto e rivisto nei film a cui nemmeno un bambino ormai ci cascherebbe: chiese a Gustav cosa ci fosse alla sua destra e, incredibilmente, questo si girò abbassando la guardia. Ciò diede l'occasione ad Adolfoy di colpirlo con un pugno per liberarsi e saltare sulla testa di Basilicomon che si prostrò a lui con un semplice fischio.
Uno sbaffo di lava stava per travolgere anche la roccia su cui era rimasto Gustav, ma uno zampone lo sollevò e se lo buttò sulla testa. Era Geymon. «Coglione mi devi la vita.» gli disse il Gigimon. «Ma cosa? Guarda che stavo per mettermi in salvo… Non ti devo proprio un cazzo…» si sistemò l'armatura ammaccata Gustav. «Sì, sì. Avresti nuotato nella lava? Sei solo una puttana…»
Mentre Gustav e Geymon stavano perdendo tempo a litigare tra loro, Basilicomon si avvinghiò come un cobra attorno a Geymon immobilizzandolo e ritrovandosi faccia a faccia con lui, pronto a colpire. «BRAVI COGLIONI, SIETE MORTI!» Gridò Adolfoy ridendosela mentre Basilicomon stava generando una sfera nera tra le fauci. «Spara fuoco, Geymon!» gridò Gustav al suo Gigimon. «MA CHE CAZZO NE SAI TU SE NE SIA IN GRADO O MENO?!> rispose Geymon con il suo vocione. «Vai, vai, fidati… Figurati se non spari fuoco!».
Geymon allora provò completamente a caso a gridare il nome di un suo attacco. «MEGA FIAMMATA BUUM!!» La cosa incredibile fu che subito dopo uscì davvero una fiammata dalla bocca di

Geymon, che si scontrò giusto in tempo con la sfera oscura creata da Basilicomon; entrambi subirono i danni collaterali, e si ritrovarono separati con qualche bruciatura.

155

Capitolo 46

Devozione

Gustav e Geymon si ripresero, erano finiti accanto a un fiume di lava, mentre su una collinetta Adolfoy e Basilicon comparvero, con qualche ferita superficiale. «Ho portato pace, libertà, giustizia, e sicurezza nel mio nuovo impero! Perché non lo vuoi capire, Gustav!» Disse Adolfoy. «Il tuo nuovo impero?! Drago, la mia devozione va alla Repubblica, alla democrazia!» Rispose Gustav. «COS...» disse Gaymon, non capendo la citazione. «Non obbligarmi ad ucciderti...»replicò Drago, avvicinandosi.

Gustav si rimise in piedi, impugnò il suo solito fucile e prese la mira. «Tu provaci» Rispose ancora Gustav. «Se non sei con me, sei mio nemico!» Dopo queste parole Drago si lanciò dall'alto, afferrando Gustav, che all'ultimo riuscì a far partire un colpo alla spalla di Adolfoy, proprio nel punto non coperto dall'armatura.

Drago però non si fece fermare, e con l'altro braccio afferrò la testa di Gustav cercando di farlo abbassare contro la lava, ma Gustav lo colpì all'addome con un potente pugno.

Geymon non rimase a guardare e salì nella collinetta, scontrandosi nuovamente con un testa a testa potentissimo, affrontando il rivale con delle spinte della madonna.

Geymon si trovava leggermente più in basso, mentre Basilicomon era avvantaggiato; i due continuavano a spingere con tutta la loro forza.

Gustav e Drago intanto se le davano di santa ragione, si tiravano un pugno alla volta, quasi una sfida a chi mollasse per primo.

Al decimo pugno consecutivo, Drago sembrò mollare e inciampò su una roccia, sfiorando la lava.

Gustav ne approfittò e afferrò la testa di Adolfoy, cercando di infilarla nella lava. «TE ODIOOOOOOO!!» Urlò Drago con uno strano accento spagnolo, sfiorando la lava incandescente di qualche millimetro. «È finita, Drago... te l'ho detto che l'unica cosa che puoi farmi... È SUCCHIARMI IL CAZZO!»

Gustav si fece prendere dall'euforia e spinse con tutte le sue forze la faccia di Adolfoy contro la lava.

Adolfoy urlò di dolore, ma in qualche modo riuscì a liberare un braccio e, da vero infame, con la mano strinse le palle a Gustav, per poi tirargli una gomitata. «COLPO BASSO!» Urlò Gustav, reggendosi le palle. «Il mio viso! Il mio bellissimo viso…!» Adolfoy si accarezzava il volto, sfiorando la parte bruciata. «Dai che è solo metà faccia… non fare la recchia»

Gustav si accorse dello scontro fronte-fronte di Geymon. «Geymon, ma spara fuoco! Che cazzo stai facendo?!»

Geymon si chiese perché non ci avesse pensato prima, e di colpo aprì le fauci e lanciò una potentissima fiammata contro Basilicomon.

Drago ne approfittò per correre via, ma Geymon ne aveva per tutti e lanciò una fiammata anche verso di lui.

Drago riuscì a nascondersi dietro una collinetta di macerie appena in tempo, mentre Basilicomon ritornò all'attacco, ma Geymon era su di giri e lanciò nuovamente una fiammata talmente potente da far crollare Basilicomon a terra, impotente. «Continua così Geymon, abbiamo la vittoria in pugno! Continua a sborrare quelle fiamme!» Gustav gufò di prepotenza.

Improvvisamente la fiammata finì. «Ma che cazzo fai, Gaymon! Attaccalo!»

Gaymon provò ad attaccare ma nessuna fiammata uscì dalle sue fauci. «NON CI RIESCO PORCA PUTTANA, PROPRIO ORA DOVEVI PARLARE?!» Disse Geymon. «Ma che cazzo c'entro io, fai qualcosa, presto!» rispose Gustav.

Una luce avvolse di nuovo Geymon. «Porca troia, ti stai trasformando di nuovo! Questa terza evoluzione ci farà vincere la battaglia!»

Drago cominciò ad avere paura, Basilicomon intanto si stava riprendendo.

Invece di diventare più potente, Geymon si ritrasformò in Akulmon, tornando alla forma base. «No! Sono tornato normale!» disse, con la sua solita voce acuta.

Gustav sembrava non capirci più un cazzo, Basilicomon e Drago pure, eppure non era difficile da capire.

La battaglia stava per finire nel più tragico dei modi.

Capitolo 47

Gigiworld affronta l'apocalisse

Basilicomon era pieno di ferite, era furioso, ma allo stesso tempo quel gigantesco demone sembrava ridesse. Nessuno ora era più in grado di contrastarlo. Per quanto riguarda Adolfoy non vi erano dubbi: anche se col viso parzialmente bruciato, scoppiò in un ghigno maligno. «Senti un po', Akulmon, non fa ridere per un cazzo. Gigievolvi ancora!» si incazzò Gustav. «Non riesco! Credo di aver esaurito le energie…» «No, ma tu sei un coglione! Adesso siamo morti…» «E io che ne potevo sapere! Attento Gustav!» Basilicomon sparò dalle fauci una delle sue sfere oscure contro Gustav, che fu spinto via all'ultimo da un eroico intervento di Akulmon che si subì da solo la forza di quell'attacco.

Dopo l'esplosione si creò un cratere.

Adolfoy era nuovamente sulla testa di Basilicomon e la belva dell'apocalisse ruggì.

Gustav ancora a terra guardò all'interno del cratere dove era rimasto il suo amico.

Adolfoy rideva come un pazzo all'idea che presto avrebbe ucciso entrambi e iniziato la conquista del mondo reale, ma Gustav si mise a sorridere. «Hai perso, Drago.»

Una sfera di luce bianca e azzurra si innalzava dal cratere e sembrava ingrandirsi sempre di più grazie a piccole luci che arrivavano a essa da ogni direzione.

Dan dan danananananaa dan dan danananananaa…«Non è possibile!» esclamò Drago non potendo credere ai propri occhi.

Sotto a quella sfera si intravedeva Akulmon con le braccia alzate che si stava innalzando anche lui in volo. «Gigiworld! Mi serve il tuo aiuto! Devo chiederti in prestito un po' della tua energia!» gridò Akulmon al pianeta.

Gli alberi, i fiumi, le montagne, i deserti, gli oceani, le scorie radioattive, etc (…): da ogni cosa, come milioni di stelle filanti luminose, i fasci di energia raggiungevano la sfera di Akulmon, poiché, nella sua lunga avventura, è riuscito a farsi amare e rispettare ovunque passò. No, questa è una cazzata. Ma sembrava che il pianeta avesse compreso che l'unico modo per salvarsi fosse quello di fornire ad Akulmon la propria energia vitale. «Non può essere, ma è invulnerabile!» commentò Adolfoy e, mentre la sfera diventava sempre più grossa, non voleva starsene a guardare, così ordinò al suo mostro di attaccare.

Mentre Basilicomon però aprì le fauci per generare nuovamente una sfera oscura, Gustav gli sparò in un occhio con una mira incredibile, facendolo tentennare. Al movimento causato dal dolore della bestia, perfino Drago perse l'equilibrio e cadde dalla testa di Basilicomon facendosi un volo mica da ridere.

Basilicomon era una furia, ma la sfera di Akulmon ormai era più grande di lui. «ADESSO! CIAO MERDA!!» Akulmon con un gesto di mano scagliò la luminosa sfera celeste contro Basilicomon, che provò a fermarla addentandola. Ma fece solo la figura del coglione, perché ne fu travolto.

La luce si espanse per tutta Gigiworld impedendo di vedere cosa stesse succedendo e, dopo qualche secondo, svanì.

Gustav riaprì gli occhi e Basilicomon era scomparso, polverizzato.

Akulmon e Drago erano in due direzioni opposte e entrambi erano sdraiati per terra.

Gustav corse dal suo compagno e gli tirò su la testa con un braccio. «Oh merda, abbiamo vinto» Gustav disse sorridendo. Akulmon fece una smorfia di sorriso e poi iniziò a parlare con una voce strozzata. «Sono contento che ora Gigiworld sia nuovamente libero…».

Ma Gustav a queste parole del suo amico si diede un'occhiata intorno, vide che la lava si stava espandendo sempre di più e che le rocce ospitabili erano sempre meno. «Veramente…» provò a spiegare Gustav. «Cosa?»«Beh… Qua sta andando tutto a puttane… Però almeno hai salvato il nostro mondo, Basilicomon non potrà arrivare…» quando Akulmon sentì queste parole di Gustav si rialzò immediatamente in piedi e si spolverò le zampe. «Ma che cazzo me ne frega del vostro mondo!» e Gustav si sorprese. «Ma figlio di puttana… Non stai morendo!»«Certo che no! Ma se tu avessi raccontato in giro che sono morto salvando Gigiworld e poi fossi tornato dopo qualche giorno, mi avrebbero considerato una divinità da queste parti!»«Ma vai a cagare!»

Gustav diede una spinta sulla spalla del suo Gigimon e poi si misero a ridere come due rincoglioniti continuando a spintonarsi, sempre più forte fino ad arrivare alla rissa. Ma poco prima che si potessero mettere a fare a pugni guardarono entrambi verso Adolfoy. Era ancora sdraiato, poi spostarono lo sguardo al portale per il mondo reale sopra alle loro teste. «Dobbiamo andare nel tuo mondo… Qui non possiamo restare…» disse Akulmon. «Aspetta…» lo frenò Gustav, camminando verso Adolfoy con Akulmon che lo seguì raccattando da terra la sua spada. «Vuoi assicurarti che sia morto e altrimenti dargli il colpo di grazia? Ci sta» chiese Akulmon. «No… Lui viene con noi…» «La sua testa, il corpo rimane qui» provò a strizzargli l'occhiolino Akulmon. «No… L'unico che può richiamare i Gigimon che staranno facendo casino nel nostro mondo è lui… Tanto ora, senza Basilicomon è inoffensivo…».
Akulmon sembrava contrariato, ma non aveva altra scelta. Gustav raccattò Adolfoy, privo di sensi, se lo mise sulle spalle e a sua volta salì su quelle di Akulmon. «Ma cosa credi? Che io riesca a saltare fino a lassù con voi due stronzi sulla schiena?!» «Massì dai, ti ho visto fare salti di questo genere qualche volta… Hai fatto pure quella sfera devastante prima, come diamine ci sei riuscito? Ma soprattutto… NON POTEVI FARLA PRIMA?!»«Non pensavo di saperla fare… Ho iniziato ad agire a caso per la disperazione ed è uscita quella roba…».
Forse questo ha poco senso, ma non era ancora finita. Akulmon saltò e arrivò fino al portale che, una volta trasportati anche gli ultimi esseri viventi che si trovavano su Gigiworld, svanì nel nulla.

Capitolo 48

Il segreto di Voldeporc

Qualche anno prima delle vicende narrate in questo libro, un giovane ragazzo pallidino aveva ricevuto una lettera molto speciale: l'invito per la miglior scuola di magia, LasHogwarts! I suoi genitori erano dei famosi maghi, quindi si aspettavano grandi cose da loro figlio, un bravo ragazzo di nome Voldeporc.

Una volta arrivati in stazione, suo padre si avvicinò al giovane e gli diede un regalo. «Figliolo, ciò che sto per donarti è un potentissimo amuleto che a sua volta mi venne donato da mio padre. Grazie ad esso puoi tornare indietro nel tempo e cambiare una cosa a tua scelta. Io non l'ho mai dovuto usare, e spero anche tu. Stai molto attento a come lo usi... adesso va, altrimenti perderai il treno!»

Voldeporc si mise in tasca quel dono e si incamminò.

La prima cosa che notò prima di arrivare al treno fu un gruppetto di ragazzi attorno ad uno un po' più speciale: Jerry Porker.

Tutti lo ammiravano, lui se la tirava e si metteva in posa.

Continuò senza dare molto nell'occhio, stringendo forte tra le mani la sua letterina.

Improvvisamente, poco prima di arrivare all'entrata, un forte pugno sullo stomaco lo colpì, facendolo accasciare al suolo.

Il ragazzo che lo colpì gli prese la letterina di mano, e si voltò dall'altra parte, verso l'entrata del treno. «C-chi sei... perché...» chiese Voldeporc, dolorante.

Il ragazzo si voltò un attimo. «Scusa amico ma ho dimenticato la mia lettera a casa, e non mi fanno salire sul treno senza... comunque sono Gustav Lafav, senza rancore eh! Amici come prima!» rispose il ragazzo, per poi salire sul treno.

Il treno partì per LasHogwarts, ma Voldeporc non salì. Il suo odio nei confronti di quel giovane messicano aumentava a dismisura, non poteva tornarsene dai suoi genitori con questa vergogna.

Così tirò fuori dalla tasca il regalo del padre, andando contro i suoi consigli decise di usarlo. Cominciò a far girare il ciondolo all'interno dell'amuleto e viaggiò indietro nel tempo.

Finito il viaggio, si ritrovò in una piazza anonima, piena di gente.

All'improvviso si scontrò con un passante dalla lunga barba.

Entrambi caddero per terra, il passante si spaventò molto e si rialzò velocemente, aiutando il bambino. «Ehi piccolo stai bene?! Giuro che non ti ho sfiorato, non ho toccato nessun pistolino, non puoi accusarmi anche tu di questo...» Disse l'anziano. «Sto bene, sto bene» rispose Voldeporc, ripulendosi. «Hai una faccia familiare... Ci siamo già incontrati prima?» chiese il vecchio. «Non credo, non ne conosco di barboni» disse Voldeporc. «Ah ah ah! Mi presento, sono Autobus Stilente! Ed oggi ho un esame molto importante da fare! Potrei diventare il preside della scuola!» disse orgogliosamente Stilente. «Si ok ma devo fare una cosa, scusami» rispose Voldeporc, spingendolo via e perdendo per sbaglio l'amuleto. «Ehi giovine! Ti è caduto dalla tasca...» Stilente, una volta raccolto, capì che era meglio non avvisarlo e intascarsi quell'oggetto. Sapeva benissimo di cosa si trattasse, ma ormai il ragazzo stava tornando per riprenderselo. «Senti un po'... è molto bello questo amuleto... che ne dici di fare uno scambio..?» Chiese Stilente. «Uno scambio con cosa? No grazie, è un regalo di mio padre...»

Stilente si guardò attorno e la prima cosa che aveva tra le mani la propose per lo scambio. «Guarda qui... ehm... questo è... aspetta, fammi leggere... ah sì! Con questo libro potrai evocare delle bestie potentissime! È davvero un affare! Fossi in te, accetterei subito...» «Delle bestie eh... potrebbero tornarmi utile per distruggere quel Gustav...Va bene, accetto!»

I due fecero lo scambio e si incamminarono per vie diverse.

Ora, se avete letto il primo libro saprete benissimo come sono andate le cose... Chi credete che abbia venduto il fucile alla madre di Gustav? Esatto. Voldeporc. Ma non è finita qui.

In preda agli ormoni adolescenziali, Voldeporc decise di farla pagare anche al povero Jerry Porker, che aveva visto fare lo splendido alla stazione.

Decise così di scoparsi la madre di Jerry, ma scoprì presto che i suoi genitori erano dei maghi molto potenti.

Il giovane Voldeporc cominciò a studiare il libro di Stilente, facendo crescere il suo potere di mago in poco tempo.

Affrontò senza timore i genitori di Jerry, il padre gli ruppe il naso prima di perdere la vita, mentre la madre venne colpita per sbaglio da un incantesimo andato male, che sfiorò anche la fronte di Jerry, lasciandogli una cicatrice.

Dopo questo, Voldeporc si ritirò da qualche parte, studiando quel potente libro e preparando la conquista del mondo intero.

Si dice che Stilente abbia usato l'amuleto per passare l'esame di preside, ma questa è un'altra storia.

Capitolo 49

Cazzi amari

Dal varco spazio-temporale sopra le teste del gruppo di Nigga Island caddero Akulmon con in groppa Gustav e Drago, tenuto per un braccio dallo stesso Gustav e lasciato cadere come immondizia durante l'impatto.

Den, Blancomon, Ron, Hermagone e Troiomon corsero tutti verso i loro due amici. «Gustav!» Gridò Hermagone in corsa. «Minchia, raga, chi si rivede.» commentò Jerry senza capire ancora cosa fossero quelle strane creature, chiamate Gigimon, che erano con loro. «Lui cosa ci fa qui?!» chiese Blancomon guardando Adolfoy col viso mezzo ustionato e privo di sensi. «Oh beh... Ha fatto la stronzata e ora deve rimediare... Anche a costo di farlo andare a caccia di Gigimon con una rete da pesca in giro per il mondo...» ma una voce in lontananza rispose a Gustav. «Drago ha fatto la sua parte.» era Voldeporc.

Tutti si voltarono verso di lui che si stava ripulendo lo smoking. «Gli ho dato io Basilicomon per conquistare Gigiworld.»«Tu gli avresti dato quel mostro?! E cosa ha fatto in cambio?! Ti ha fatto un pompino?!» si arrabbiò Gustav.

Voldeporc si sistemò la cravatta e iniziò a parlare lasciando intendere di non voler essere interrotto: «Drago aveva sogni di conquista, voleva una razza superiore... Io ho scoperto il Gigiworld grazie al libro che anni fa mi consegnò sfacciatamente il vostro preside, Stilente». Quest'ultimo si guardò attorno cercando di ridere per essere ricambiato e buttarla sulla risata di gruppo, ma tutti lo guardarono delusi. «Avevo studiato bene Gigiworld, ho fatto i calcoli sul tempo e ho scoperto che lì scorre molto più velocemente. Approfittando di questa cosa ho donato un potere enorme a Drago e gli ho indicato come aprire il portale tra i due mondi da Gigiworld e anche l'ingresso per entrare in quel mondo. Avrebbe dovuto portare qua i Gigimon per iniziare l'invasione del mondo reale. Ma non mi sarei mai aspettato che qualcuno potesse fermarlo...

Anche qui i miei piani sono stati rovinati. Come ha spiegato già il professor Pitone, sono io l'autore di questa serie di omicidi avvenuti a Nigga Island. Volevo sbarazzarmi di tutte le possibili minacce una volta che Drago sarebbe arrivato dal Gigiworld con il suo esercito. Ne avevo calcolato la coincidenza esatta... Ma ho avuto pure io i miei problemi per colpa di Pitone. Tuttavia, ora che Drago ha aperto un portale dal quale possono venire i Gigimon dal loro mondo, posso finalmente portare qui il mio vero esercito.

Voldeporc aprì un libro e iniziò a dire frasi insensante sibilando come un serpente.

Il primo a capire cosa stesse succedendo fu Ganjalf che con gli occhi spalancati fece il seguente elenco: "Terrazzo, sgabello, formaggio, borraccia blu e cannuccia".

Gli eroi provenienti da Gigiworld furono avvolti da una scintilla di luce che quando svanì li riportò al loro aspetto prima del viaggio, compresi i Gigimon e, per sua fortuna, anche Drago, perdendo quell'orribile volto sfigurato. «Che cazzo succede?!» si chiese Blancomon osservandosi e notando che la cicatrice sul suo petto era sparita e le sue dimensioni ridotte. «Siamo rientrati nella linea temporale del nostro mondo...» rispose Hermagone, nuovamente bianca.

Voldeporc sembrava posseduto. Dal varco uscì un uovo nero come la pece che si sollevò in cielo e il varco si distrusse subito dopo.

Voldeporc continuava a fare quegli strani versi leggendo il libro e l'uovo nero si fermò a trenta metri di altezza sopra la sua testa. Improvvisamente Voldeporc si fermò e guardò i suoi nemici con un sorriso crudele.

Dall'uovo partirono sei lampi che finirono nel mare attorno a Nigga Island.

Accadde, poco dopo, qualcosa di terrificante.

Ron si cagò addosso. Ma non per la paura, non era ancora successo ciò che stiamo per narrare, forse se la teneva da un po'. Nessuno, però, ebbe il tempo di ridere o lamentarsi con lui per l'odore perché dall'acqua sbucarono sei enormi Basilicomon. Proprio Basilicomon, l'invulnerabile Gigimon che da solo aveva sottomesso i più agguerriti Gigimon in circolazione. Questa volta erano addirittura sei. «ORA CAPITE PERCHÈ SIETE TUTTI MORTI?!» furono le prime parole minacciose di Voldeporc.

Pitone capì subito la gravità della situazione e disse a Stilente e Ganjalf di aiutarlo a smaterializzarsi con un incantesimo per fuggire da quell'isola il prima possibile.
I due anziani si diedero da fare e i tre si diedero la mano a vicenda per poi diventare ombra e rendere tale anche il resto del gruppo.
Queste ombre se ne andarono via come se fossero proiettili e Voldeporc non sembrava minimamente preoccupato. «Fuggite pure se volete… Tanto siete solo delle formiche per me.»
Uno dei sei Basilicomon si prostrò come un suddito a Voldeporc, lasciandolo salire sul suo muso; durante questa "scalata", Voldeporc si lasciò andare a una risata frastornante.

Capitolo 50

Il risveglio del guerriero

Tutti i nostri eroi si ritrovarono a LasHogwarts, Drago compreso.
«State tutti bene?» chiese Pitone, controllando che ci fossero tutti.
«Pitone, chiama tutti gli altri professori... dobbiamo fare una riunione straordinaria il prima possibile» Ordinò Stilente.
Tutte le più grandi autorità si unirono all'interno dell'ufficio di Stilente, mentre tutti gli altri aspettarono fuori, riposandosi e recuperando le forze nel giardino del castello.
Riuscivano a malapena sentire le urla provenire dall'ufficio. «Non dire pazzie, Stilente! È una follia!»«Dopo tutto questo tempo?»«McGranita vecchia rimbambita!»«Sono solo dei ragazzi, Autobus...»«Come quel film che abbiamo visto al cinema»«Stilente, ti raso a zero prima o poi!»«Il pompiere paura non ne ha!»
Insomma, la riunione di tre ore finì appena prima del tramonto.
Stilente, seguito dagli altri studenti alle sue spalle, scese le scale, uscì dal portone e raggiunse il giardino. «Ragazzi miei. Siamo giunti a una conclusione. Voldeporc è un nemico molto potente, serviranno tutte le vostre forze. Dovrete combattere contro i suoi alleati, alcuni periranno, altri forse riusciranno a perdere la verginità»
Tutti guardarono Jerry, che si mise a ridere nervosamente.
«Insomma, abbiamo deciso di formare un gruppo. Alcuni di voi, i migliori, creeranno una squadra. Sarà dura, quindi avremmo bisogno di tutti gli alleati possibili. Famigliari, amici e vecchi nemici»
Con rammarico, Stilente guardò Drago, ancora privo di conoscenza. «Abbiamo già deciso chi ne farà parte, all'appello ne manca solo uno.
Questa squadra si chiamerà...» Stilente alzò le spalle, legò le mani dietro la schiena, guardò verso il cielo, e disse: «"I

VENDEMMIATORI".»«Come?   Vendemmiatori...?»   chiese Hermagone.

A quel punto Ganjalf, dal retro, tossì e disse a bassa voce:«Ehm... I vendicatori...»

Autobus Stilente si accorse della gaffe e subito rimediò. «I VENDICATORI. HO DETTO I VENDICATORI. STUPENDA GIORNATA OGGI, MIO CARO GANJALF. CHE NE DICE DI UNA PARTITA A BRISCOLA?»

I professori si allontanarono, mentre i ragazzi provarono a capire chi di loro fosse scelto per la squadra d'elite.

Jerry non aveva mostrato grande potenziale in quei giorni, quindi era escluso a prescindere, anche se Stilente ha sempre mostrato una strana benevolenza per il ragazzo.

Così si autoproclamò "Capitan Swag" e tornò nella sua stanza.

Ron era tornato magro e bambino, Den il solito venditore di rose, Gustav il criminale ed Hermagone la zoccoletta che non la dava.

Gustav guardò il tramonto, impugnò il fucile e puntò il sole. «Una dura battaglia ci aspetta. Sembra quasi che tutto quello che sia successo fino a ora sia stato un allenamento. Nulla sarà più come prima, combattere o morire. Queste sono le due strade che possiamo intraprendere.» Disse Gustav, prima di sparare un ultimo colpo all'orizzonte.

Il rimbombo di quello sparo si sentì in tutta Hogwarts, Stilente rischiò l'infarto, credendo fosse di nuovo Voldeporc.

Più a fondo, dentro l'ambulatorio, una persona in particolare aveva percepito quello sparo.

Era collegato a delle macchine, delle sacche di flebo si erano prese cura di lui per tutto questo tempo.

I suoi occhi si spalancarono, un respiro profondo e rumoroso uscì dai suoi polmoni. Nevillo si era risvegliato dal coma.

Una paffuta palla rosa sopra di lui fu felicissima del suo risveglio. «Dove mi trovo?! E tu cosa cazzo sei?!» Chiese Nevillo. «Amico mio! Io sono il tuo Gigimon, ora che ti sei svegliato potremmo finalmente divertirci insieme, canteremo, danzeremo e giocherem-»

Il tenero Gigimon non fu in grado di finire la frase che Nevillo lo afferrò di prepotenza e lo fissò.

Il Gigimon si pietrificò, non aveva mai percepito tanto odio e dolore. «Ehi Nevillo, così mi fai male... Su, andiamo a giocare!»

Nevillo si guardò accanto e afferrò una siringa.

Con una mano teneva fermo il suo Gigimon, mentre con l'altra cominciò a infilzarlo con la siringa, colpo dopo colpo.

Il Gigimon sanguinava da ogni dove, Nevillo era ricoperto di macchie rosse, ma continuò a colpirlo per ore, anche dopo che questi aveva ormai esalato l'ultimo respiro.

***

Ron entrò finalmente in camera sua e si buttò sul suo letto.

Tirò fuori dalla tasca il cellulare e notò che c'era un SMS non letto.

Si alzò dal letto, aprì il messaggio. «Amore mio, ho attraversato il varco con tutti gli altri. Spero l'abbia fatto anche tu, mi manchi.»

Ron non ci mise molto a rispondere. «Tranquilla tesoro mio, un giorno ci ritroveremo. Fino ad allora aspettami. Tornerò più forte di prima. Jerry mi ha detto di chiederti una foto porca, ce la puoi mandare?»«Grazie al cielo sei vivo. Non so chi sia questo Jerry, io voglio che a guardarmi sia solo tu, promettimi che non la mostrerai ad altri. Ecco qui.»

In allegato c'era una foto porca del Gigimon femmina.

«Tranquilla, questa la vedrò solo io»

Ron rimise il cellulare in tasca, si voltò verso di te.

Sì, caro lettore. Ron guardò proprio te.

Sorrise, alzò le sopracciglia due volte di seguito e poi si voltò dall'altra parte, guardando fuori dalla finestra il sole tramontare.

FINE.

Indice generale